# 素朴なぎもんからわかる ドイツ文法

学習院大学教授
高田博行=著

郁文堂

🎧 このマークのついている箇所が，附録の CD に
CD 02　録音されています。数字が頭出しの番号です。

## まえがき

　本書は，文法のしくみをきちんと理解しながらドイツ語をマスターしようと思うひとのための参考書です。

　英語と比べると，ドイツ語もフランス語もイタリア語も，文法がどうしても複雑に見えます。ドイツ語を学ぶなかでみなさんはきっと，「なぜそんな変化になるの？」，「どうしてこれではだめなの？」といった，素朴な疑問をいだかれると思います。本書では，そんな素朴な疑問を大事にして，ページの欄外に「素朴なぎもん」として「…って何のこと？」，「どうして…になるの？」といった書き込みがされています。その答えは，それぞれ横にある本文を見ていただければ，理解できるようになっています。こんなふうにして，ひとつずつ素朴な疑問を謎解きしていくことで，複雑に見えたドイツ語の文法のしくみが自然とひとつずつ見えてくるはずです。なお，「〈素朴なぎもん〉インデックス」を目次のすぐあとに付けましたので，これを使って知りたい情報を得ることができます。

　本書では，各課の初めのページに「基本のきほん」として，一番重要な例文を載せています。各課の2ページ目からは，解説がわかりやすく書かれていて，「ミニ練習」，そして「Übungen（練習問題）」と進みます。なお，すこし細かく立ち入った文法項目については，「すこし詳しい目の＋α（プラスあるふぁ）情報」として，小さな字にして説明をしています。

　みなさんの素朴な疑問が切り口になって，ドイツ語の学習が一歩ずつ確実に先に進むことを期待しています。

最後に，例文のネイティブ・チェックやCDの吹き込みにご協力いただいたThomas Pekarさん（学習院大学教授）に感謝いたします。

2010年　春

著　者

# 目　　次

〈素朴なぎもん〉インデックス .................................... ix

**⓪　ドイツ語とは？** ............................................ 2
　①ドイツ語圏　　②ドイツ語のルーツ　　③ドイツ語学習の意義

**①　アルファベート** ............................................ 6
　①ＡＢＣの発音　　② ウムラオト(変母音)とエス・ツェット

**②　単語の発音** ................................................ 9
　① 単語を発音するときの原則　　② 注意すべき母音
　③ 注意すべき子音
　+α情報　外来語の発音

**③　動詞の現在人称変化（１）** ................................ 16
　① 動詞の現在人称変化：語幹と語尾　　② 不定詞　　③ 発音上,
　語尾が異なる動詞　　④ haben 動詞と sein 動詞
　+α情報　定型（定動詞）

**④　主語になる代名詞** ........................................ 22
　① 主語になる人称代名詞　　② ３種類の「ズィー」(sie / sie / Sie)

**⑤　平叙文と疑問文** .......................................... 26
　① 平叙文と疑問文　　② 文頭に主語以外のものを置いた場合
　③ 定動詞第２位の原則

**⑥　名詞の性と複数形** ........................................ 30
　① 男性名詞・中性名詞・女性名詞　　② 名詞の複数形

**⑦　定冠詞 der** .............................................. 33
　① 定冠詞の変化　　② ４つの格　　③定冠詞の格変化
　+α情報　男性弱変化名詞

**⑧　dieser 型（定冠詞類）** .................................... 39
　① dieser 型（定冠詞類）　　②「もの」を受ける人称代名詞
　+α情報　「が」「の」「に」「を」がドイツ語の格と一致しない場合

⑨ 不定冠詞 ein と mein 型（不定冠詞類） .................... 44
　① 不定冠詞 ein の格変化　② mein 型（不定冠詞類）の格変化

⑩ 否定文 ............................................................... 49
　① kein と nicht の使い分け　② 否定疑問文に対する答え方

⑪ 動詞の現在人称変化（２） ....................................... 53
　① 不規則動詞　② 不規則動詞の幹母音の変化（現在形）
　+α情報 特殊な変化をする動詞

⑫ 命令形 ............................................................... 57
　① Sie, ihr, du に対する命令形　② sein と werden の命令形
　+α情報 勧誘する表現

⑬ 人称代名詞の３格と４格 .......................................... 61
　① 人称代名詞の３格と４格
　+α情報 ３格と４格の語順

⑭ 非人称の es ........................................................ 65
　① 非人称の es　② 非人称 es を主語とする熟語的表現

⑮ 前置詞 ............................................................... 69
　① 前置詞の格支配　② 動詞，形容詞と組み合わされる前置詞
　③ 前置詞と定冠詞との融合形
　+α情報 前置詞と人称代名詞との融合形／前置詞と was との融合形

⑯ 再帰動詞 ............................................................ 76
　① 再帰代名詞　② 再帰動詞
　+α情報 ３格の再帰代名詞を用いる再帰動詞／再帰代名詞の相互的用
　　　　 法

⑰ 不定詞句・zu 不定詞句 .......................................... 81
　① 不定詞句の語順　② zu 不定詞句の用法
　+α情報 haben + zu 不定詞と sein + zu 不定詞

⑱ 動詞の３基本形 .................................................... 85
　① 規則動詞の３基本形　② 不規則動詞の３基本形

③ sein, haben, werden の３基本形　④ 過去分詞に ge- を付けない動詞

⑲ **過去人称変化** ................................................. 89
① 過去形人称変化　② 過去形の用法

⑳ **現在完了形** ..................................................... 93
① 完了形の作り方　② haben 支配と sein 支配との使い分け
③ sein 支配の動詞　④ haben 支配の動詞
[＋α情報] 過去完了形

㉑ **話法の助動詞と未来形** ..................................... 99
① 話法の助動詞の現在形　② 話法の助動詞の用い方
③ 話法の助動詞の過去形　④ 未来形
[＋α情報] 話法の助動詞の現在完了形／過去の事柄について判断する表現／話法の助動詞を不定詞なしで使う用法

㉒ **分離動詞と非分離動詞** ..................................... 107
① 分離動詞の不定詞　② 分離動詞の現在形　③ 分離動詞の過去形　④ 分離動詞の過去分詞：現在完了形　⑤ 分離動詞の３基本形　⑥ 分離動詞が分離せずに一語で書かれる場合
⑦非分離動詞
[＋α情報] 分離・非分離動詞

㉓ **従属接続詞，間接疑問文** ................................. 114
① 従属接続詞　② 並列接続詞　③ 間接疑問文

㉔ **関係代名詞・指示代名詞** ................................. 119
① 定関係代名詞　② 関係文を作る手順　③ 不定関係代名詞
[＋α情報] 指示代名詞 der

㉕ **受動態** ........................................................... 125
① 動作受動：「～される」　②状態受動：「～されている」
[＋α情報] 動作受動の未来形，現在完了形／自動詞の受動態／そのほかの受動的表現

## ㉖ 形容詞の格変化 .................................................. 130
① 形容詞の３つの用法　② 形容詞の格変化語尾のメカニズム
③ 形容詞の格変化語尾一覧　④ 形容詞の名詞化
[＋α情報] 序数詞

## ㉗ 原級・比較級・最上級 .................................................. 137
① 原級―比較級―最上級　② 原級と比較級の用法
③ 最上級の用法

## ㉘ 分　　詞 .................................................. 143
① 分詞の形と意味　② 現在分詞と過去分詞の用法
[＋α情報] 未来分詞

## ㉙ 接続法―概観 .................................................. 147
① 直説法と接続法　② 接続法第１式と第２式の語形
③ 第１式と第２式の意味

## ㉚ 接続法―個々の用法 .................................................. 152
① 同時と前時　② 間接話法（第１式）　③ 非現実話法（第２式）　④ 要求話法（第１式）と婉曲話法（第２式）

|附録| 語順のまとめ .................................................. 160
　　　解答例 .................................................. 163
　　　主な不規則動詞の変化表 .................................................. 189

# 〈素朴なぎもん〉インデックス

## 1. ドイツ語全般

ドイツ語はどこで話されているの？ ...... 2
ドイツ語は英語に似ているの？ ...... 4
ドイツ語ができると，何ができるの？ ...... 5

## 2. 発音

[アクセント]

アクセントはどこに置くの？ ...... 10
分離動詞のアクセントはどこにあるの？ ...... 108
非分離動詞のアクセントはどこにあるの？ ...... 112

[母音]

母音の長短は，どう決めるの？ ...... 10
ローマ字読みではダメな母音は何？ ...... 10

[子音]

ローマ字読みではダメな子音は何？ ...... 11
子音が濁る場合と濁らない場合の違いは？ ...... 12
ch はどう発音すればいいの？ ...... 13
同じ ch がなぜ違った発音になるの？ ...... 13
L と R はどうやって発音を区別するの？ ...... 7

## 3. 文字

変な文字 Ä, Ö, Ü は，いったい何？ ...... 7
Ä, Ö, Ü の上になぜ点々が付いているの？ ...... 8
変な文字 ß は，いったい何？ ...... 8
ss と ß の使い分けは？ ...... 13

## 4. 格

「格」って何？ .................................................. 34
2格はどこに置くの？ ........................................... 35
名詞の2格は -es なの，-s なの？ ............................. 35
jeden Tag は4格なのになぜ「毎日を」とならないの？ ......... 40
kein も形が変化するの？ ........................................ 50
ドイツ語の *I-my-me* はどう言うの？ ........................... 62
前置詞の格支配って何のこと？ ................................ 70
3・4格支配の前置詞の使い分けは？ ........................... 71
3格と4格はどちらを先に置けばいいの？ ...................... 63

## 5. 冠詞

定冠詞はどんなふうに変化する？ ............................... 35
dieser 型(定冠詞類)ってどんなもの？ ......................... 40
不定冠詞はどんなふうに変化するの？ .......................... 45
不定冠詞に複数形はないの？ .................................... 45
mein 型(不定冠詞類)はどんな変化？ ........................... 46
所有冠詞って何？ ................................................ 46
否定冠詞って何？ ................................................ 47
kein も形が変化するの？ ........................................ 50
kein と nicht はどう違うの？ ................................... 50

## 6. 名詞

名詞の2格は -es なの，-s なの？ ............................. 35
名詞の性はどう決まっているの？ ............................... 31
名詞の性を覚えるときのコツは？ ............................... 34
複数形には性の区別はないの？ ................................ 34
複数形はどんなふうに作るの？ ................................ 31
形容詞の名詞化って何のこと？ ................................ 133

## 7. 人称代名詞

ドイツ語の *I-my-me* はどう言うの？ ... 62
人称代名詞を覚えるコツは？ ... 62
du/ihr と Sie の使い分けは？ ... 23
いろんな「ズィー」(SIE)はどうやって見分ければいいの？ ... 24
たくさんある ihr (Ihr)はどう区別すればいいの？ ... 63
「あなた」の Sie は「彼ら」の sie となぜ形が同じ？ ... 24
「もの」を表す名詞はいつでも es で受けるの？ ... 41
非人称の es って何のこと？ ... 66
es gibt って何のこと？ ... 66
「自分自身」(*oneself*)はどう言うの？ ... 77

## 8. 関係代名詞

関係代名詞はどんな形をしているの？ ... 120
指示代名詞 der と関係代名詞とは，なぜ形が同じなの？ ... 123
正しい関係代名詞の見分け方は？ ... 121
関係文はどうやって作ればいいの？ ... 120
関係代名詞にも，いろいろ種類があるの？ ... 122

## 9. 前置詞

前置詞の格支配って何のこと？ ... 70
3・4格支配の前置詞の使い分けは？ ... 71
am とか im とか zur とかも，前置詞なの？ ... 73
ドイツ語にも，*wait for* 〜のような表現はあるの？ ... 72

## 10. 形容詞

形容詞にはどんな用法があるの？ ... 131
形容詞はそのまま副詞として使えるの？ ... 131
形容詞の語尾はどんなふうにして決まるの？ ... 131
形容詞にどのような語尾が付くの？ ... 132
形容詞の名詞化って何のこと？ ... 133

*something new* をドイツ語ではどう言うの？ ......................................... 134
ドイツ語でファースト，セカンドはどう言う？ ......................................... 135

### 11．比較級・最上級

比較級，最上級でウムラオトするの？ ......................................... 138
原級と比較級の使い方は英語と同じ？ ......................................... 139
*more beautiful，most beautiful* はドイツ語にもあるの？ ..................... 138
最上級は，どんなふうに使えばいいの？ ......................................... 139
am 〜sten という形のほうが便利なの？ ......................................... 140
am 〜sten って，どういう形なの？ ......................................... 141

### 12．動　詞

辞書で動詞はどんな形で引けばいいの？ ......................................... 18
「語幹」って何のこと？ ......................................... 17
規則動詞か不規則動詞かどう見分けるの？ ......................................... 54
絶対に覚えるべき不規則動詞は何？ ......................................... 87
規則動詞の3基本形はどんな形？ ......................................... 86
不規則動詞の3基本形はどんな形？ ......................................... 86
分離動詞の3基本形は？ ......................................... 110
自動詞と他動詞はどう区別すればいいの？ ......................................... 95
werden って大事なの？ ......................................... 55
ドイツ語にも，*wait for* 〜のような表現はあるの？ ......................................... 72

### 13．現在形

動詞の現在形はどう言うの？ ......................................... 17
動詞の現在形の変化で少し変った点は？ ......................................... 18
ドイツ語の *have* 動詞と *be* 動詞はどんな変化？ ......................................... 19
不規則動詞の現在形は？ ......................................... 54
未来のことを現在形で言ってもいいの？ ......................................... 104

## 14. 過去形

過去形の**作り方**は？ .................................................. 90
どんなときに過去形が使われるの？ ............................. 90
話法の助動詞の**過去形**は？ ........................................ 102
ドイツ語では過去のことを**現在完了形**で言うの？ ...... 94

## 15. 現在完了形

現在完了形はどんなふうにして**作る**の？ ..................... 94
ドイツ語では過去のことを**現在完了形**で言うの？ ...... 94
完了形の **haben** と **sein** の使い分けは？ ................. 95
なぜ **sein** で完了形を作ることがあるの？ .................. 96
ドイツ語にも**過去完了形**はあるの？ ........................... 97
過去分詞にはいつでも **ge-** が付くの？ ....................... 87

## 16. 未来形

未来形はどんなふうに**作る**の？ ................................. 103
なぜ未来形に **werden** を使うの？ ............................. 103
**werden** って大事なの？ ............................................. 55
未来のことを**現在形**で言ってもいいの？ ................... 104
**will** は未来形ではないの？ ........................................ 103

## 17. 不定詞

**不定詞**って何のこと？ ................................................ 18
**不定詞句**の語順は？ .................................................. 82
なぜ，分離動詞の**不定詞**は分離せずに**一語**なの？ ... 108
**zu 不定詞句**の用法は英語と同じ？ ............................ 82
**um ... zu** の um は絶対に必要なの？ ........................ 83
なぜ**不定詞**を**文末**に置くの？ ................................. 101
「**定形**」(「**定動詞**」)って何のこと？ .................... 20

## 18. 命令形

命令形ってどんなふうに作るの？ .................................................. 58
命令形に例外はあるの？ .......................................................... 59
Sie の命令形は，Sie の疑問文と形が同じなの？ ................................ 58
英語の *Let's* はどう言うの？ .................................................... 59

## 19. 再帰動詞

再帰動詞って何のこと？ .......................................................... 77
再帰動詞はどんなふうに語形変化するの？ ........................................ 78

## 20. 非人称動詞

非人称の es って何のこと？ ...................................................... 66
es gibt って何のこと？ .......................................................... 66

## 21. 分離動詞・非分離動詞

分離動詞って何のこと？ ......................................................... 108
非分離動詞って何のこと？ ....................................................... 111
分離動詞の3基本形は？ ......................................................... 110
分離動詞はどんなとき一語になるの？ ........................................... 111
なぜ，分離動詞の不定詞は分離せずに一語なの？ ............................... 108
なぜ，分離動詞の過去分詞は分離せずに一語なの？ ............................. 110
副文中の分離動詞はなぜ一語になるの？ ......................................... 116
前つづりがなぜ文末に置かれるの？ ............................................. 109
分離動詞のアクセントはどこにあるの？ ......................................... 108
非分離動詞のアクセントはどこにあるの？ ....................................... 112
過去分詞にはいつでも ge- が付くの？ ............................................ 87

## 22. 受動態

受動態には2種類あるの？ ...................................................... 126
受動態はどうやって作ればいいの？ ............................................. 126
なぜ受動態では werden を使うの？ ............................................. 126

werden って大事なの？ ............................................................................. 55
状態受動はどうやって作るの？ ................................................................ 127
sein ＋ 過去分詞はいつでも状態受動？ ................................................... 127
えっ，自動詞に受動態があるの？ ............................................................ 128

### 23．接続法

接続法って何のこと？ ............................................................................. 148
何のために接続法はあるの？ .................................................................. 149
接続法はどんなふうに作るの？ ................................................................ 148
必ず覚えるべき接続法の形は何？ ............................................................ 149
接続法の時制はどうなっているの？ ......................................................... 153
ドイツ語には，時制の一致はないの？ ...................................................... 154
ドイツ語の間接話法はどんなふうに作るの？ ........................................... 153
接続法は英語の仮定法と似ているの？ ..................................................... 153
非現実話法はどんなふうに作ればいいの？ .............................................. 156
そのほかにどんな用法があるの？ ............................................................ 157

### 24．話法の助動詞

「話法」の助動詞って何のこと？ ............................................................. 100
なぜ「不定詞」を用いるの？ .................................................................. 101
なぜ不定詞を文末に置くの？ .................................................................. 101
話法の助動詞の語形変化の特徴は？ ....................................................... 100
話法の助動詞の過去形は？ ..................................................................... 102
möchte も話法の助動詞なの？ ................................................................ 101

### 25．分　詞

ドイツ語にも現在分詞ってあったの？ ..................................................... 144
分詞は，どんなふうに使うの？ ............................................................... 144
過去分詞にはいつでも ge- が付くの？ ...................................................... 87
なぜ，分離動詞の過去分詞は分離せずに一語なの？ ................................ 110
sein ＋ 過去分詞はいつでも状態受動？ .................................................. 127

## 26. 語順

どんな場合に倒置(V + S)にするの？ ...................................................... 27
目的語はどこに置けばいいの？ ............................................................ 28
nicht の位置はどこになるの？ ............................................................. 50
3格と4格はどちらを先に置けばいいの？ ............................................... 63
なぜ不定詞を文末に置くの？ ............................................................. 101
定動詞後置って何？ ........................................................................ 115
定動詞後置になるのは，どんなとき？ ................................................... 117
不定詞句の語順は？ .......................................................................... 82
（分離動詞の）前つづりがなぜ文末に置かれる？ ..................................... 108

## 27. 接続詞

従属接続詞って何？ ........................................................................ 115
定動詞後置って何？ ........................................................................ 115
接続詞にはいろいろ種類があるの？ ..................................................... 116
理由を表す weil と da と denn の使い分けは？ ..................................... 116

## 28. 構文

どんな場合に倒置(V + S)にするの？ ...................................................... 27
疑問文はどうやって作るの？ ............................................................... 27
否定疑問文に対する Yes, No はどう言うの？ ........................................... 51
主文と副文はどこで見分けられるの？ ................................................. 115
副文中の分離動詞はなぜ一語になるの？ ............................................. 116

素朴なぎもん
からわかる
# ドイツ文法

# 0 ドイツ語とは？

## 🔑 EUを牽引する重要な言語

### 1 ドイツ語圏

**素朴なぎもん**
ドイツ語はどこで話されているの？

次のページの地図で，ヨーロッパの中央に位置している緑の部分がドイツ語圏です。

ドイツ語はドイツ，オーストリア，リヒテンシュタインの国家公用語です。またスイス，ベルギー，ルクセンブルク，イタリアにおいては，他の言語と並ぶ公用語のひとつとなっています（スイスでは人口の約75％がドイツ語を母語としています）。さらには，フランス東部のアルザス・ロレーヌ地方，東ヨーロッパ，ブラジルなどにもドイツ語話者がいます。人口から見ると，ドイツ語は世界で約1億2千万人に使用されていて，約9千万人の母語となっています。世界で最も話されている10大言語のひとつに入ります。EU（欧州連合）においてもドイツ語は重要で，EU諸機関の公用語および作業言語になっています。

## ドイツ語圏の主な国

- **ドイツ連邦共和国**
  Bundesrepublik Deutschland
  面 積：35万6900km²
  人 口：8.175万人
  通 貨：ユーロ(€)
  首 都：ベルリン(Berlin)
  　　　342万人

- **オーストリア共和国**
  Republik Österreich
  面 積：8万3900km²
  人 口：836万人
  通 貨：ユーロ(€)
  首 都：ウィーン(Wien)
  　　　169万人

- **スイス連邦**（通称：Schweiz）
  Schweizerische Eidgenossenschaft
  面 積：4万1300km²
  人 口：756万人
  通 貨：スイス・フラン(SFr)
  首 都：ベルン(Bern)
  　　　13万人

Deutsches Sprachgebiet

■ 100万人以上　■ 50万人〜100万人　● 10万人〜50万人　・ 2万人〜10万人　・ 2万人以下

# ❶ ドイツ語とは？

**素朴なぎもん**
ドイツ語は英語に似ているの？

## 2 ドイツ語のルーツ

ドイツ語と英語とは兄弟関係にあります。

東はインドのサンスクリット語から，西はイギリスに残るケルト語にまで至る広い地域のさまざまな言語は，共通のルーツにさかのぼります。これをインド・ヨーロッパ語族と言います。このインド・ヨーロッパ語族のなかにゲルマン語派と呼ばれるグループがあり，さらにそのゲルマン語派の下に西ゲルマン語というグループがあります。ドイツ語はこの西ゲルマン語に属し，英語やオランダ語が仲間になります。ドイツ語は英語と兄弟関係にあり，もっとも近いもの同士なのです。したがって，お互いに語形が似た単語がたくさんあります。

| | | | | |
|---|---|---|---|---|
| find | — finden | sing | — singen |
| come | — kommen | drink | — trinken |
| old | — alt | new | — neu |
| green | — grün | good | — gut |
| father | — Vater | mother | — Mutter |
| house | — Haus | milk | — Milch |

英語と兄弟関係にあるということはまた，文法のしくみも大変似ているということです。したがって，今までに修得してきた英文法の知識が生かせるのです。ただし，実際にドイツ語の文法を習い始めると，英語と違って複雑な印象を持たれることと思います。英語は千年ほど前には，今のドイツ語と同じように文法はもっと複雑だったのですが，時とともに簡素化されてきました。その意味ではドイツ語は，昔のままのゲルマン語らしさを残している律儀な言語と言えるかもしれません。

## 3 ドイツ語学習の意義

**素朴なぎもん**
ドイツ語ができると，何ができるの？

ドイツ語ができると，目的に応じてさまざまなことができます。例えば，ドイツ語圏へ観光やサッカー観戦の目的で行ったときに，現地の人とドイツ語で直接コミュニケーションを取ることが可能になります。また，世界第3位の工業国であるドイツとの商業上の取引きの中で，ドイツ語が話せることが大きなプラスを生むこともあるでしょうし，EU（欧州連合）におけるドイツ語の地位を考えると，英語と並んでドイツ語ができることがビジネスチャンスを広げることもあるでしょう。ドイツを経由して，ヨーロッパの情報が直接入手できることも重要です。さらにまた文化・教養面では，ドイツ文学にとどまらず，ドイツ語圏の地域が持っている文化的遺産（例えばルターの神学，フロイトの心理学，カントの哲学など）を直接的に知ることが可能になります。グリム兄弟のメルヘンやミヒャエル・エンデの『モモ』も原語で楽しめるというわけです。さらに音楽好きの人であれば，モーツァルトのオペラの歌詞やベートーベンの交響曲第9番の『喜びの歌』の歌詞を理解しながら歌うこともできます。

大学での第2外国語としてドイツ語を学習している人も，単位修得のことだけを考えずに，いろいろな楽しみ方をしてみてはどうでしょうか。

グリム兄弟 　　　　　ベートーベン

# 1 アルファベット

## A, I, U はア, イ, ウ

まずは ABC からです。ドイツ語は, とても素直なことばです。英語とは違って, 母音はたいていローマ字読みのままで発音できます。

**基本のきほん**

CD 02

| | | | |
|---|---|---|---|
| A a [aː アー] | B b [beː ベー] | C c [tseː ツェー] | D d [deː デー] |
| E e [eː エー] | F f [ɛf エフ] | G g [geː ゲー] | H h [haː ハー] |
| I i [iː イー] | J j [jɔt ヨット] | K k [kaː カー] | L l [ɛl エル] |
| M m [ɛm エム] | N n [ɛn エン] | O o [oː オー] | P p [peː ペー] |
| Q q [kuː クー] | R r [ɛr エル] | S s [ɛs エス] | T t [teː テー] |
| U u [uː ウー] | V v [fau ファオ] | W w [veː ヴェー] | X x [ɪks イクス] |
| Y y [ýpsilon ユプシロン] | Z z [tsɛt ツェット] | | |

日本語のエとほぼ同じ　オの口でエを言う　ウの口でイを言う　小文字しかない
Ä [ɛː エー]　Ö [øː エー]　Ü [yː ユー]　ß [ɛstsɛ́t エス ツェット]

## 1 アルファベート

### 1 ABCの発音

◆ 母音はローマ字を読む要領で発音します。

　Aはアー，Eはエー，Iはイー，Oはオー，Uはウーです。
　CDでアルファベートの発音をよく聞いてみましょう。

◆ Lは[エ]を言った後で，舌先を上の歯の後ろ（付け根）にしっかりとつけて[ル]と発音して，[エル]と言います。Rは[エ]を言った後で，江戸っ子の「べらんめえ」のラ行の調子で舌を震わせて[ル]と言う（＝巻き舌のR）方法と，のどびこ（のどの奥にぶら下がっているもの）を震わせて[ル]と言う（＝のどびこのR）方法があります。こののどびこのRの音は，生まれて一度も出したことがないひとは少ないと思います。これは，うがいをしたときにでるＲＲＲという音ですから。最初は適量の水でうがいを始め，徐々に水の量を減らして，最後には水なしでもＲＲＲが発声できればバッチリです。

**素朴なぎもん**
LとRはどうやって発音を区別するの？

**Kleine Übungen　ミニ練習**　次の略号をドイツ語式のアルファベートで読んでみましょう。

1) pH（水素イオン濃度指数）　2) BMW（ドイツの自動車会社名）
3) ICE（都市間超特急列車）　4) EU
5) CD　　　　　　　　　　　6) USA

🎧 CD 03

### 2 ウムラオト（変母音）とエス・ツェット

◆ 上に点々のついた文字は，**ウムラオト(変母音)**と呼ばれます。

　**Ä, Ö, Ü**

　✓ 文字の名前としてはそれぞれ［アー・ウムラオト］，［オー・ウムラオト］，［ウー・ウムラオト］と呼ばれます。

◆ ウムラオトの発音はそれぞれ「エ」に近づいた音ですが，実際には次のような要領で発音するのがいいでしょう。

　Ä　「ア」の口の構えで「エ」を言う
　　（日本語の「エ」と同じと思えばいい）

　Ö　「オ」の口の構えで「エ」を言う

**素朴なぎもん**
変な文字Ä, Ö, Üは，いったい何？

7

# 1 アルファベート

Ü 「ウ」の口の構えで「イ」を言う

> ウムラオト(Umlaut)という概念はグリム兄弟の兄ヤーコプによるものです。「変母音」と訳されます。もともとA, O, Uだった音が歴史的にEという音に近づいて変化した母音です。実際今から200年ほど前までは，これらの文字はå, ȯ, u̇のように文字の上にeが書かれていたのですが，今では小さなeの代わりに点々を書くことになっているのです。

**素朴なぎもん**
Ä, Ö, Üの上になぜ点々が付いているの？

**素朴なぎもん**
変な文字ßは、いったい何？

◆ ß は **「エス・ツェット」** と呼ばれる文字です。

この文字はもともと，無声のs(濁らないs)を表す目的で，15世紀末の印刷業者がs[エス]とz[ツェット]とを合わせて作った活字です。文字の左半分がs，右半分がzです。そう言われればそう見えるでしょ。ベータ(β)とはまったく別物です。

$$\mathfrak{sz} \Rightarrow \mathfrak{B} \Rightarrow ß$$

連邦議会議事堂（Reichstagsgebäude）
ベルリン（Berlin）

# ② 単語の発音

## 素直に発音，Name はナーメ

英語とは違って，「バター」の Butter は［ブター］，「空腹」の Hunger は［フンガー］，「すべて」の all は［アル］のように，ローマ字読みで発音します。ドイツ語の単語は，素直に（!）発音してみましょう。

**基本のきほん**

CD 04

1) ローマ字読みが基本で，書いてある文字は全部読む

ラフト，コールト，ビットのように英語風には発音しない！

**Luft** ルフト　　**kalt** カルト　　**bitte** ビテ

2) ei, eu, ie はアイ，オイ，イーと発音する

ここはローマ字読みにはならず，ドイツ語独特！

**Eis** アイス　　**Euro** オイロ　　**lieben** リーベン

3) b, d, g は語末では濁らない（プ，ト，ク）

これもドイツ語独特！

**lieb** リープ　　**Kind** キント　　**Tag** ターク

## 2 単語の発音

### 1 単語を発音するときの原則

CD 05

**素朴なぎもん**
アクセントはどこに置くの?

◆ 書いてある文字をローマ字的にそのまま発音することが,基本です。

◆ アクセントは一番初めの母音に置くのが原則です。

**素朴なぎもん**
母音の長短は,どう決めるの?

◆ そのアクセントのある母音は,**1個の子音字の前で長く,2個以上の子音字の前で短く**発音されます。

長い場合:b**e**ten(ベーテン)祈る  G**a**bel(ガーベル)フォーク
　　　　　　　↑　　　　　　　　　　　↑
　　　　子音字は t がひとつだけ　　子音字は b がひとつだけ

短い場合:B**e**tt(ベト)ベッド　　G**a**st(ガスト)客
　　　　　　　↑　　　　　　　　　　　↑
　　　　子音字の t がふたつ　　　子音字は s と t でふたつ

**Kleine Übungen ミニ練習**　アクセントと母音の長短にも気をつけながら,次の単語を発音してみましょう。

ドイツ語では名詞はすべて大文字で書き始めます。

CD 06

| Gras | 草 | Lamm | 子羊 | | グラース | ラム |
| Leben | 生活 | Mensch | 人間 | | レーベン | メンシュ |
| Bibel | 聖書 | bitte | どうぞ | | ビーベル | ビテ |
| rot | 赤い | oft | しばしば | 日本語のエと同じでしたね | ロート | オフト |
| Hut | 帽子 | Luft | 空気 | | フート | ルフト |
| Träne | 涙 | Hände | 手(複数形) | | トレーネ | ヘンデ |
| Öl | オイル | Köln | ケルン(都市名) | オの口でエを言うのでした | エール | ケルン |
| grün | 緑の | Hütte | 山小屋 | ウの口でイを… | グリューン | ヒュテ |

### 2 注意すべき母音

CD 07

**素朴なぎもん**
ローマ字読みではダメな母音は何?

◆ ei は アイ,eu は オイ,ie は イーと発音し,ローマ字読みが通用しません。

ei, eu, ie は,アイ,オイ,イーと,かけ声かけて!

ei [アイ]　□ Eis 氷　　　□ klein 小さな
　　　　　　　アイス　　　　　クライン

eu, äu [オイ]　　□ Euro　ユーロ　　□ Bäume　木（複数形）
　　　　　　　　　　　オイロ　　　　　　　ボイメ

✓　ä は [エ] だから，eu と äu は同じ発音になります。

ie [イー]　　　　□ lieben　愛する　　□ tief　深い
　　　　　　　　　　リーベン　　　　　　　ティーフ

au [アオ]　　　　□ Haus　家　　　　□ Baum　木（単数形）
　　　　　　　　　　ハオス　　　　　　　　バオム

✓　[アウ] よりは [アオ] に聞こえます。

◆ 母音＋h の場合，母音を長く発音する。

□ Bahn　鉄道　　□ gehen　行く
　バーン　　　　　　ゲーエン

## 3 注意すべき子音

CD 08

◆ 次のようにローマ字読みが通用しない子音があります。

**素朴なぎもん**
ローマ字読みではダメな子音は何？

① v　英語の f に相当　　□ Volk　民衆　　□ viel　多くの
　　　ファオ　　　　　　　　フォルク　　　　　フィール

　w　英語の v に相当　　□ Wagen　車　　□ Wein　ワイン
　　　ヴェー　　　　　　　　ヴァーゲン　　　　ヴァイン

　z　英語の ts に相当　　□ Benz　ベンツ　□ Zeit　時間
　　　ツェット　　　　　　　ベンツ　　　　　　ツァイト

✓　v, w, z は，車の名前で覚えるとよい：
　　Volkswagen フォルクスヴァーゲン，Benz ベンツ

② j　英語の y に相当　　□ Japan　日本　□ Jura　法学
　　　　　　　　　　　　　　ヤーパン　　　　ユーラ

③ sch　英語の sh に相当　□ Schule　学校　□ Englisch　英語
　　　　　　　　　　　　　　シューレ　　　　エングリシュ

　sp-, st-　単語のはじめで [シュプ-] [シュトゥ-]：

□ spät　時間が遅い　　□ sprechen　話す
　シュペート　　　　　　シュプレヒェン

□ Straße　ストリート　□ stehen　立っている
　シュトラーセ　　　　　シュテーエン

> sp-, st- は，シュッ・シュッと勢いよく！

## ② 単語の発音

tsch　　英語の tch に相当

- □ **Deu**tsch　ドイツ語　　□ **tsch**üß　バイバイ
  ドイチュ　　　　　　　　　チュ(ー)ス

④ qu- [kv-]

- □ **Qu**elle　泉　　□ **Qu**ittung　領収書
  ク**ヴェ**レ　　　　ク**ヴィ**トゥング

CD 09

qu- は英語だと quiet [クワイエット]のように [kw]となりますが，[kv]と発音されることになります。

> ドイツ語では w が v でしたね。

**素朴なぎもん**
子音が濁る場合と濁らない場合の違いは？

⑤ 無声音の場合と有声音の場合があるもの

b, d, g

1) 語末では濁らない(無声音)：-b [プ]，-d [ト]，-g [ク]

- □ lie**b**　かわいい　　□ Kin**d**　子供(単数形)　　□ Ta**g**　日(単数形)
  リー**プ**　　　　　　キン**ト**　　　　　　　　　ター**ク**

語末でなくても，無声の子音(t, s など)の前では，濁らない：
Her**b**st　(秋)　　sa**g**st　(sagen 言う の2人称単数形)
ヘル**プ**スト　　　　ザー**ク**スト
ü**b**t　(üben 練習する の3人称単数形)
ユー**プ**ト

2) それ以外では濁る(有声音)：b [ブ]，d [ド]，g [グ]

- □ lie**b**en　愛する　　□ Kin**d**er　子供(複数形)　　□ Ta**g**e　日(複数形)
  リー**ベ**ン　　　　　キン**ダ**ー　　　　　　　　　ター**ゲ**

- □ Bu**tt**er　バター　　□ **D**aumen　親指　　□ Gei**g**e　バイオリン
  ブ**タ**ー　　　　　　**ダ**ウメン　　　　　　ガイ**ゲ**

s

1) 母音の前では濁る(有声音)：[ズ]

- □ **S**onne　太陽　　□ Rei**s**e　旅　　□ Häu**s**er　家(複数形)
  **ゾ**ネ　　　　　　ライ**ゼ**　　　　　ホイ**ザ**ー

2) それ以外では濁らない(無声音)：[ス]

- □ Hau**s**　家(単数形)　　□ mei**s**t　(英 most)
  ハオ**ス**　　　　　　　　マイ**スト**

> b, d, g, s (buildings と覚える)は濁る濁らないに注意！

ss と ß は，決して濁らない（いつでも無声音）

短母音のあとでは ss を用い，長母音または二重母音のあとでは ß を用いる。

> 素朴なぎもん
> ss と ß の使い分けは？

短母音のあと　　□ **Klasse**　クラス　　□ **dass**　…ということ
　　　　　　　　　クラセ　　　　　　　　　ダス

長母音のあと　　□ **groß**　大きい
　　　　　　　　　グロース

二重母音のあと　□ **heiß**　暑い
　　　　　　　　　ハイス

⑥ ch の発音：

CD 10

ch

1) a, o, u のあとでは，のどの奥をこする h の音 [x]

□ **Nacht**　夜　　　　□ **hoch**　高い
　ナハト　　　　　　　　ホーホ

□ **Buch**　本
　ブーフ

> 素朴なぎもん
> ch はどう発音すればいいの？

■ a + ch なら [アハ]，o + ch なら [オホ]，u + ch なら [ウフ] と聞こえます。

2) それ以外では，舌先のほうで鋭く発音する h の音 [ヒッ][ç]

□ **ich**　私は　　　　□ **Milch**　ミルク
　イヒ　　　　　　　　　ミルヒ

□ **recht**　右の
　レヒト

■ 母音の a, o, u は i と比べると明らかに口の後ろの方で発音されます。一度 u と i とを言い比べてみてください。u のほうが口の後ろから聞こえてくるはずです。ですから，a, o, u のあとでは ch も後ろ（のどの奥）の方で発音され，i のあとでは前の方（舌先のほう）で発音されるわけです。また，ach がアハ，och がオホと聞こえるのも，前の母音の影響でアのあとはアの系列の音，オのあとはオの系列の音にどうしてもなってしまうというわけです。それは規則と言うよりは，口の形からそうなる，自然なことです。

> 素朴なぎもん
> 同じ ch がなぜ違った発音になるの？

-ig　単語の終わりのときに限り [イヒ] と発音する（ich と同じ音）

　　　　□ **König**　王様　　　□ **wichtig**　重要な
　　　　　ケーニヒ　　　　　　　ヴィヒティヒ

## ② 単語の発音

chs［クス］：chs という組み合わせのときに限り，［クス］と発音する

- □ **Fu**chs　キツネ
  フ**クス**
- □ se**chs**　6
  ゼ**クス**

⑦ 母音化する r

**母音＋r**：r が母音化して［ア］に聞こえる

- □ Bier　ビール
  ビー**ア**
- □ Berlin　ベルリン
  ベ**ア**リーン

-er［アー］
- □ Vater　父
  ファー**ター**
- □ Lehrer　教師
  レー**ラー**

---

### すこし詳しい目の ＋α 情報

## 外来語の発音

CD 11

● ドイツへ入ってきた外来語の場合，ドイツ語本来の単語と違った発音の仕方となることが多いです。

**A** アクセントが第 1 音節にないもの

- Musik　音楽
  ム**ズィー**ク
- Büro　事務所
  ビュ**ロー**
- Student　学生
  シュトゥ**デ**ント

**B** ドイツ語式とは異なる発音をするもの

- 「フィ」ではない
  Klavier　ピアノ
  クラ**ヴィー**ア
- 「イー」ではない
  Familie　家族
  ファ**ミー**リエ
- 「オイ」ではない
  Museum　美術館
  ム**ゼー**ウム

**C** 外来語に固有の綴り y, th, ph

- Typ　タイプ
  **トュー**プ
- Theorie　理論
  テオ**リー**
- Philosophie　哲学
  フィロゾ**フィー**

# Übungen

**1** 次の単語を発音しなさい。　CD 12

　　( いくつかはどこかで聞いたことがあるはず！ )

1) Spur　　2) Berg　　3) Gelände　　4) Jacke

5) Sahne　　6) Vogel　　7) Arbeit　　8) Baumkuchen

9) Märchen　　10) Bach　　11) Mozart　　12) Händel

13) Freud　　14) Einstein　　15) Michael Ende　　16) Löwenbräu

17) Fußball　　18) Kahn　　19) München　　20) Hamburg

21) Wien　　22) Leipzig　　23) Zürich　　24) Salzburg

**2** 次の表現を大きな声で発音しなさい。　CD 13

1) Guten Morgen!　おはようございます。

2) Guten Tag!　こんにちは。

3) Guten Abend!　こんばんは。

4) Gute Nacht!　おやすみなさい。

5) Danke schön! — Bitte schön!　ありがとう。——どういたしまして。

6) Auf Wiedersehen!　さようなら。

7) Wie geht es Ihnen? — Danke, gut. Und Ihnen?
　　　お元気ですか。—— ありがとうございます，元気です。あなたはどうですか。

**3** 次の数字を発音してみましょう。　CD 14

1) eins　　2) zwei　　3) drei　　4) vier　　5) fünf

6) sechs　　7) sieben　　8) acht　　9) neun　　10) zehn

# 3 動詞の現在人称変化（1）

## 🔑 動詞は語尾が付いて一人前

さて，発音がわかったあとは，動詞の現在形が言えるようになりましょう。英語の現在形で気をつけることと言えば，*He learn**s*** のように主語が3人称単数形の時に語尾 -s を付けることでした。しかしドイツ語の場合は，主語が「私」でも「あなた」でもなんでも，いつでも必ず語尾が付くのです。

### 基本のきほん

🎧 CD 15

私は　　　学ぶ
イヒ　　　レルネ（レアネ）
**Ich lerne.**　　（英 *I learn.*）

「私」だと，語尾 -e を付ける

私は学ぶ。

君は　　　学ぶ
ドゥー　　レルンスト（レアンスト）
**Du lernst.**　　（英 *You learn.*）

「君」だと，語尾 -st を付ける

君は学ぶ。

## ③ 動詞の現在人称変化（1）

### 1 動詞の現在人称変化：語幹と語尾

🎧 CD 16

◆ 英語では現在形で語尾が付くのは he learn**s** のように主語が3人称単数のときだけですが，ドイツ語ではいつでも何か語尾が付きます。下の表のように，主語によって付く語尾が決まっています。

◆ 動詞の語尾が1人称，2人称，3人称によって変化することを，「**動詞の人称変化**」と呼びます。

**素朴なぎもん**
動詞の現在形はどう言うの？

現在形の人称変化

|  | 単数 | 複数 |
|---|---|---|
| 1人称 | ich komm-**e** 私は来る (英 I come) | wir komm-**en** 私たちは来る (英 we come) |
| 2人称 | du komm-**st** 君は来る (英 you come) | ihr komm-**t** 君たちは来る (英 you come) |
| 3人称 | er komm-**t** 彼は来る (英 he comes) | sie komm-**en** 彼（彼女）らは来る (英 they come) |

◆ 主語として，ich「私は」・du「君は」・er「彼は」・wir「私たちは」・ihr「君たちは」・sie「彼らは」を覚えましょう。du, ihr は便宜的に「君（たち）」と訳しておきます。「あなた（たち）」には，また別の語形があります（詳しくは⇒23ページ）。

◆ 語尾を取り除いた，動詞の本体部分のことを**語幹**と呼びます。

**素朴なぎもん**
「語幹」って何のこと？

　　　　　　　　語幹　　語尾
komm**e**　＝　komm　＋　**e**
komm**st**　＝　komm　＋　**st**

---

**Kleine Übungen　ミニ練習**

次の動詞を，ich, du, er, wir, ihr, sie の順に現在人称変化させてみましょう。（下線の部分が語尾で，変化します。）

1) denk<u>en</u>　（英 think）　　2) trink<u>en</u>　（英 drink）
3) geh<u>en</u>　（英 go）　　4) spiel<u>en</u>　（英 play）
5) wohn<u>en</u>　（英 live）　　6) sag<u>en</u>　（英 say）

## 3 動詞の現在人称変化（1）

### 2 不定詞

**素朴なぎもん**
辞書で動詞はどんな形で引けばいいの？

◆ 辞書の見出し語には、動詞は kommen, trinken のように、**語尾 -en を付けた形**が載せてあります。辞書ではその形で引きます。

**素朴なぎもん**
不定詞って何のこと？

◆ このように、それぞれの動詞の代表となる形を、「**不定詞**」と呼びます。英文法で動詞の原形と呼ばれるものに相当します。

不定詞 ＝ 語幹 ＋ 語尾 -en
　　　　 komm ＋ **en**
　　　　 trink ＋ **en**

**Wörterbuch** 独和辞典の使い方
辞書で kommen「来る」を引いてみましょう。確かに kommen の形で載っていますね。

### 3 発音上、語尾が異なる動詞

**素朴なぎもん**
動詞の現在形の変化で少し変った点は？

◆ 発音のしやすさのために、語尾が少し異なる動詞があります。

① **語幹が -t, -d で終わる動詞**は、語尾 -st および -t を付けるときに、言いやすいように **e を添えて -est, -et** とします。これを**口調の e** といいます。

| arbeiten 働く [アルバイテン] | |
|---|---|
| ich arbeite | wir arbeiten |
| du arbeit**e**st | ihr arbeit**e**t |
| er arbeit**e**t | sie arbeiten |

（arbeit-st, arbeit-t では発音しづらいので、arbeit-*e*st, arbeit-*e*t となります。）

語幹が子音 + m / n で終わる動詞（öffnen, atmen など）も口調の e が入ります（du öffnest, er atmet）。それ以外の場合に、du sagest, er saget のように e を勝手に入れてはいけません。

② 語幹が **-s, -ss, -ß, -tz, -z**（どれも**歯を擦って出る s 系の音**）で終わる動詞（例えば、reisen 旅行する, küssen キスする, heißen 〜という名前である, sitzen すわっている, tanzen ダンスをする）は、du に対する語尾が **-st ではなく、-t** になります。

## 3 動詞の現在人称変化（1）

| reisen 旅行する [ライゼン] | |
|---|---|
| ich reise | wir reisen |
| du reist | ihr reist |
| er reist | sie reisen |

✓ du の語尾の -st の s の音は語幹の最後の s 系の音に吸収されるわけです。du reis-st ではなく reis-t。

**Kleine Übungen ミニ練習** 次の動詞を、ich, du, er, wir, ihr, sie の順に現在人称変化させてみましょう。

1) finden 見つける  2) warten 待つ  3) tanzen ダンスをする

## 4 haben 動詞と sein 動詞

CD 17

◆ 英語の *have* 動詞と *be* 動詞のことを、ドイツ語では **haben 動詞**と **sein 動詞** といいます。これらはとても大切なので、人称変化を今すぐ覚えてしまいましょう。

sein 動詞という理由は、この動詞の不定詞（＝代表する形）が sein であるからです。

**素朴なぎもん**
ドイツ語の *have* 動詞と *be* 動詞はどんな変化？

全く不規則な変化をします。

| haben の現在形 | |
|---|---|
| ich habe | wir haben |
| du hast | ihr habt |
| er hat | sie haben |

本来なら hab-st, hab-t のはずが、b がなくなっています。

| sein の現在形 | |
|---|---|
| ich bin | wir sind |
| du bist | ihr seid |
| er ist | sie sind |

**Kleine Übungen ミニ練習** du, er, wir, ihr, sie の順に現在人称変化させてみましょう。

1) Ich habe Hunger.　　私は空腹です。（＜空腹を持つ）
2) Ich bin jung.　　私は若い。

### ③ 動詞の現在人称変化（1）

**すこし詳しい目の +α 情報**

## 定形（定動詞）

**素朴なぎもん**
「定形」（「定動詞」）って何のこと？

● ich komme，du kommst，er kommt のように，語尾が主語に合わせてきちんと**定**まっている動詞の形を「**定**形」または「**定**動詞」と呼びます。

   定形（定動詞）　　　不定詞
   ich **komme**
         ⇔　**kommen**
   du **kommst**

● 主語が wir と sie の場合は，その定形（kommen）は，不定詞と同形ということになります。

> 辞書の見出し語になっている形が「不定詞」と呼ばれるのは，語尾が主語に合わせられておらず，きちんと定まっていない（＝不定）からです。主語とは無関係に動詞を代表する形が，不定詞です。

シュテファン大聖堂（Stephansdom）
オーストリア，ウィーン（Österreich, Wien）

# Übungen

**1** かっこ内の動詞を適切な形にして，下線部に書きなさい。

1) Ich _____ (kommen) aus Tokio.

2) Du _____ (spielen) Tennis.

3) Du _____ (tanzen) hier.

4) Er _____ (haben) Zeit.

5) Er _____ (trinken) Wein.

6) Wir _____ (sein) gesund.

7) Ich _____ (sein) Japaner / Japanerin.*

8) Du _____ (sein) Student / Studentin.*

9) Ihr _____ (sagen) „ja."

10) Du _____ (arbeiten) in Berlin.

*職業や身分・国籍を表す名詞には男性を表す形と女性を表す形があります。
女性形は男性形に -in を付けます。
Lehrer（男性の教師）
Lehrerin（女性の教師）

**2** 次の文をドイツ語に訳しなさい。

1) 彼は東京に住んでいます（wohnen）。

2) 私たちはお金(Geld)を持っている。

3) 彼女は教師(Lehrerin)です。

4) 私はサッカー(Fußball)をします(spielen)。

5) 私はここで(hier)待ちます(warten)。

# 4 主語になる代名詞

## 形がカブリ過ぎるぞ，代名詞

動詞の変化の基本となる６つの代名詞，ich, du, er, wir, ihr, sie はもう覚えましたか。これら以外にも主語になる代名詞があります。
語形が重なっているものがあるので，よく注意する必要があります。

### 基本のきほん

CD 18

彼女は　　学ぶ
ズィー　　レルント
**Sie lernt.** （英 *She learns.*）
　　　　語尾で「彼女」だとわかる　　　　彼女は学ぶ。

あなた(たち)は　　学ぶ
ズィー　　　　　レルネン
**Sie lernen.** （英 *You learn.*）
「あなた(たち)」の場合はいつでも大文字　　あなた(たち)は学ぶ。

彼(女)らは　　学ぶ
ズィー　　　レルネン
**Sie lernen.** （英 *They learn.*）
文頭なので大文字だが，「彼(女)ら」
の場合，文中だとsは小文字　　　　彼(女)らは学ぶ。

## 1 主語になる人称代名詞

◆ 緑の文字のものが，ここで初めて習う人称代名詞です。

|  | 単数 |  | 複数 |  |
|---|---|---|---|---|
| 3人称 | er | 彼は | sie | 彼ら（彼女ら，それら）は |
|  | es | それは |  |  |
|  | sie | 彼女は |  |  |
| 2人称敬称 | Sie | あなたは | Sie | あなたたちは |

◆ 3人称単数の代名詞には er（㊥he）のほかに，sie（㊥she）と es（㊥it）があります。これらは3人称単数ですから語尾は er と同様に –t が付きます。

  Es kommt. それは来る。（㊥It comes.）

  Sie kommt. 彼女は来る。（㊥She comes.）

◆ 2人称には，親しい相手に対して用いる **du / ihr**［親称］と，親しくはない一般的な関係の相手に対して用いる **Sie**［敬称］があります。

> 親称の du と ihr は，友達，恋人，夫婦，親子同士のような親しい間柄で使います。しかし大学生同士のときは初対面でも du / ihr が用いられ，また16歳以下に見える子供は常に du / ihr で呼ばれます。日本語の訳語としては，便宜的に du / ihr を「君 / 君たち」，Sie を「あなた（たち）」と訳しておきますが，ほんとうは正確ではありません。日本語では例えば，奥さんは旦那さんのことを「あなた」とは言っても「君」とはふつう言わないでしょうし，娘が父のことを「君」とはめったに言いませんからね。

**素朴なぎもん**
du/ihr と Sie の使い分けは？

◆ **敬称**の Sie（単数・複数とも同形）はいつでも**大文字**で書き始め，語尾には3人称複数の sie「彼らは」と同じ **–en が付きます**。

  2人称親称 Du kommst. 君は来る。

       Ihr kommt. 君たちは来る。

  2人称敬称 Sie komm**en**. あなた（たち）は来る。

  ☑ sie kommen（彼らは来る）と同じ形になってしまいますが，ふつう文脈で「あなた（たち）」か「彼ら」かは判別できます。

## 4 主語になる代名詞

**素朴なぎもん**
「あなた」のSieは「彼ら」のsieとなぜ形が同じ？

2人称敬称のSie「あなた」は，実は歴史的には3人称複数のsie「彼ら」から転用されたものです。目の前にいる相手のことを，あたかも離れた「あそこにいるひと」のように3人称的に扱う（しかもひとりでも複数扱いする）ことで，相手に対する敬意が表されたのです。よく考えてみると，日本語の「あなた」も本来は「あちらのほうにいるひと」ということですよね。本当ならここにいる相手ですから，「こなた」というべきなのにね…。

### 2　3種類の「ズィー」（sie / sie / Sie）

◆「ズィー」は，動詞の語尾と大文字・小文字で区別できます。

**素朴なぎもん**
いろんな「ズィー」（SIE）はどうやって見分ければいいの？

① sie「彼女は」（3人称単数）：
　　... sie komm**t**

② sie「彼（彼女，それ）らは」（3人称複数）：
　　... **sie** komm**en**
　　（文中では小文字）
　　（語尾が異なる）

③ Sie「あなた／あなたたちは」（2人称敬称）：
　　... **Sie** komm**en**
　　（文中でもいつでも大文字）

**Kleine Übungen　ミニ練習**　「ズィー」に気をつけながら，日本語に訳してみましょう。

1) Ich wohne in Kioto, aber Sie wohnen in Tokio.
2) Ich wohne in Kioto, aber sie wohnen in Tokio.
3) Ich wohne in Kioto, aber sie wohnt in Tokio.

(aber = 英 *but*)

# Übungen

**1** かっこ内の動詞を適切な形にして，下線部に書きなさい．

1) Maria _____ (arbeiten) in New York. Sie _____ (reisen) oft.

2) Herr Meier und Herr Schmitt _____ (arbeiten) in Tokio. Sie _____ (reisen) auch oft.

3) Ich _____ (wohnen) in Yokohama und Sie _____ (wohnen) in Chiba.

4) Peter und Oliver _____ (sein) jung. Sie _____ (spielen) sehr gern Fußball.

5) Angelika _____ (sein) noch jung. Sie _____ (arbeiten) sehr fleißig.\*

   \* fleißig「勤勉に」．(辞書には「勤勉な」という形容詞として載っていますが，ドイツ語では形容詞がそのままの形で副詞として用いられます．)

**2** 次の文をドイツ語に訳しなさい．

1) あなた(敬称)はドイツ語(Deutsch)を話す(sprechen)．

2) 君(親称)は勤勉に(fleißig)働く．

3) マリア(Maria)はピアノ(Klavier)を弾き(spielen)ます．彼女はまた(auch)バイオリン(Geige)も弾きます．

4) ミュラー(Müller)夫人(Frau)とフォーゲル(Vogel)夫人はデュッセルドルフ(Düsseldorf)に住んでいます．彼女たちは日本語(Japanisch)を学ん(lernen)でいます\*．

   \*ドイツ語には現在進行形はありません．現在形がその代りをします．

# 5 平叙文と疑問文

## 文の決め手，動詞の位置

動詞の現在形は言えるようになりましたか。では，その現在形を使って文にバリエーションをつけて，疑問文などを作ってみましょう。ここでは，動詞の来る位置に注意することが重要です。

**基本のきほん**

CD 20

学ぶ　彼女は　ここで　　　ドイツ語を
レルント　ズィー　ヒーア　　　ドイチュ

**Lernt sie hier Deutsch?**
　　V　　　S　　　　　　　彼女はここでドイツ語を学びますか。
疑問文は倒置で (V + S)

何を　学ぶ　彼女は　ここで
ヴァス　レルント　ズィー　ヒーア

**Was lernt sie hier?**
　　　　V　　　S　　　　彼女はここで何を学びますか。

ここで　学ぶ　彼女は　ドイツ語を
ヒーア　レルント　ズィー　ドイチュ

**Hier lernt sie Deutsch.**
　　　　V　　　S　　　　ここで彼女はドイツ語を学びます。
文頭に主語以外のものが来ていると，倒置 (V + S)

# 5 平叙文と疑問文

## 1 平叙文と疑問文
🎧 CD 21

◆ 文を作るときは，動詞の位置に注意することが大切です。

① **疑問文ではないふつうの文**（**平叙文**といいます）は，S + V つまり「**主語＋動詞**」の順番で表します。

    S    V
**Du wohnst** jetzt in Berlin.　　君は，今ベルリンに住んでいる。

**Sie spielen** hier Tennis.　　あなたは，ここでテニスをする。

② **疑問文**は V + S，つまり「**動詞＋主語**」（**倒置**）の語順で作ります。

    V    S
**Wohnst du** jetzt in München?

君は，今ミュンヘンに住んでいますか。

（英語の do / does のような単語は必要ありません。）

疑問詞（**was** = 🇬🇧 what，**wo** = 🇬🇧 where，**wann** = 🇬🇧 when など）を使った疑問文では，英語と同様に疑問詞が文頭に来ます。

        V    S
Wo **wohnst du** jetzt?　　君は，どこに今住んでいますか。

✓ ただし，疑問詞が主語になっている場合には，S+V（**正置**）になります。
    S    V
Wer **wohnt** in München?　誰が，ミュンヘンに住んでいますか。

**素朴なぎもん**
疑問文はどうやって作るの？

## 2 文頭に主語以外のものを置いた場合
🎧 CD 22

◆ 疑問文を作るときだけでなく，文のはじめに 主語以外のもの を強調のために置いた場合にも，V + S つまり**倒置文**にします。英語にはないドイツ語独特の規則です。

主語以外の要素    V    S

| Jetzt | **wohnst du** in Berlin. | 今，君はベルリンに住んでいる。 |
| In Berlin | **wohnst du** jetzt. | ベルリンに，君は今住んでいる。 |
| Hier | **spielen Sie** Tennis. | ここで，あなたはテニスをする。 |
| Tennis | **spielen Sie** hier. | テニスを，あなたはここでする。 |

**素朴なぎもん**
どんな場合に倒置（V + S）にするの？

27

## 5 平叙文と疑問文

### 3 定動詞第2位の原則

◆ 前ページで説明した語順の原理を，別の見方で説明すると，次のように言うことができます。

決定疑問文[イエスかノーかを問う疑問文]を除き，定動詞は必ず**第2番目**に置かれます。これを**定動詞第2位の原則**といいます。

> 定動詞については⇒20ページ。

Sie **spielen** hier Tennis.　　あなたは，ここでテニスをする。

Wo **wohnst** du jetzt?　　君は，どこに今住んでいますか。

Jetzt **wohnst** du in Berlin.　　今，君はベルリンに住んでいる。

＜決定疑問文＞：定動詞は第1番目に

**Wohnst** du jetzt in München?

君は，今ミュンヘンに住んでいますか。

**Kleine Übungen ミニ練習**　Peter trinkt hier Wein. (ペーターはここでワインを飲みます。)をヒントにして，作文してみましょう。

1) ペーターは，ここでワインを飲みますか。
2) ペーターは，どこで(wo)ワインを飲みますか。
3) ここで，ペーターはワインを飲みます。(「ここで」を文頭に)

**素朴なぎもん**
目的語はどこに置けばいいの？

Peter trinkt hier Wein を見ると，Wein が文の最後に来ていますが，英語だと，*Peter drinks wine here.* となりますよね。目的語 (Wein) の位置が，なんかしっくり来ないでしょうが，ドイツ語の場合，動詞にとって**大切な要素ほど後に来る**ということを覚えておくとよいでしょう。今の場合だと，動詞「飲む」にとっては目的語 (「ワインを」) の方が場所 (「ここで」hier) よりも大切ですから，文末に来ています。前ページにあった例文 Du wohnst jetzt in Berlin. では，動詞「住む」にとっては「どこに」という場所 (「ベルリンに」in Berlin) が大切なので文末に置かれています (詳しくは⇒附録「語順のまとめ」161ページ)。

> 動詞にとって大切なものは文の後方へ。

# Übungen

**1** かっこ内の単語を適切な順序に並べて下線部に書き入れ，日本語に訳しなさい．

1) Wie _____ ? (Sie heißen)

   — Ich heiße Shogo Takada.

2) _____ (er studiert) in Kioto Jura?

   — Ja, er studiert dort Jura.

3) _____ (du trinkst) Wein?

   — Nein, jetzt _____ (ich trinke) Bier.

4) Wo _____ (ihr arbeitet)?

   — Wir arbeiten in Fukuoka.

5) _____ (Peter und Maria reisen) oft nach Österreich?

   — Ja, _____ (sie reisen) oft nach Österreich.

**2** 次の文をドイツ語に訳しなさい．

1) どこでマリアは待って(warten)いますか。——彼女はここで(hier)待っています。

2) 今日(heute)，私は病気(krank)です。(「今日」を文頭に置いて)

3) 何(was)を彼らは言って(sagen)いるのですか。

4) 彼女はミュンヘン(München)に住んでいますか。
   ——はい，彼女はミュンヘンに住んでいます。

# 6 名詞の性と複数形

🔑 テーブルは男性，本は中性，時計は女性

今までずっと動詞のことばかり勉強してきましたが，この課からしばらくは，名詞にスポットライトを当てていきます。奇妙に聞こえるでしょうが，ドイツ語の名詞には，男性，中性，女性という性の区別があります。また名詞の複数形の作り方にも，英語の場合とは違ってさまざまなタイプがあるのです。

**基本のきほん**

🎧 CD 24

　　　　　　　名詞の性　　　単数2格（所有格）　　複数形
　　　　　　　　　　　　　　「〜の」という形

ティシュ
**Tisch**　　男　　－es　　／　　－e
テーブル

ブーフ
**Buch**　　中　　－[e]s　　／　　Bücher
本

ウーア
**Uhr**　　女　　－　　　　／　　－en
時計

## 6 名詞の性と複数形

### 1 男性名詞・中性名詞・女性名詞

◆ ドイツ語の名詞には**文法上の性**の区別があり，**男性**名詞，**中性**名詞，**女性**名詞に分けられます。

◆ Tisch（テーブル）が男性，Buch（本）が中性，Uhr（時計）が女性といった具合に，ほとんど理屈なしに性が決まっています。性に関連づけて考えるよりも，名詞に付く文法上のしるしと思った方がいいでしょう。

> ただしやはり Vater（父）は男性，Mutter（母）は女性です。

**素朴なぎもん**
名詞の性はどう決まっているの？

**Wörterbuch 独和辞典の使い方**

辞書では名詞の性は，見出し語のすぐあとに 男, 中, 女 と書いてあります。（辞書によっては，m, n, f という性の表記もあります：m は男性，n は中性，f は女性です。）

**Kleine Übungen ミニ練習**　次の名詞の性を辞書で調べてみましょう。

1) Hund　犬　＿＿＿性　　2) Katze　ネコ　＿＿＿性
3) Pferd　ウマ　＿＿＿性

### 2 名詞の複数形

CD 25

◆ 名詞の複数形の作り方には次の５つのパターンがあり，しかもウムラオトするものもあります。単語ごとに調べるほかありません。

**素朴なぎもん**
複数形はどんなふうに作るの？

| | | 単数形 | | 複数形 |
|---|---|---|---|---|
| 1．無語尾式 | −<br>⸚ | Onkel<br>Vater | おじ<br>父 | Onkel<br>Väter |
| 2．E 式 | −e<br>⸚e | Tag<br>Nacht | 日<br>夜 | Tage<br>Nächte |
| 3．ER 式 | −er<br>⸚er | Kind<br>Buch | 子<br>本 | Kinder<br>Bücher |
| 4．[E]N 式 | −(e)n | Uhr | 時計 | Uhren |
| 5．S 式 | −s | Auto | 車 | Autos |

☑ ドイツ語の名詞は，英語の *sheep–sheep, foot–feet, mouse–mice, child–children* のように語形が大きく変わるものがほとんどだと言えます。

# Übungen

**1** 次の単語の性と複数形を辞書で調べましょう。

1） Garten　庭　　　＿＿性名詞　　複数形は＿＿＿＿＿＿＿（　　　　式）

2） Brille　メガネ　　＿＿性名詞　　複数形は＿＿＿＿＿＿＿（　　　　式）

3） Hund　犬　　　＿＿性名詞　　複数形は＿＿＿＿＿＿＿（　　　　式）

4） Haus　家　　　＿＿性名詞　　複数形は＿＿＿＿＿＿＿（　　　　式）

5） Kamera　カメラ　　＿＿性名詞　　複数形は＿＿＿＿＿＿＿（　　　　式）

6） Jacke　ジャケット　＿＿性名詞　　複数形は＿＿＿＿＿＿＿（　　　　式）

7） Computer　コンピュータ　＿＿性名詞　　複数形は＿＿＿＿＿＿＿（　　　　式）

8） Stadt　町　　　＿＿性名詞　　複数形は＿＿＿＿＿＿＿（　　　　式）

9） Fahrrad　自転車　＿＿性名詞　　複数形は＿＿＿＿＿＿＿（　　　　式）

10） Schirm　かさ　　＿＿性名詞　　複数形は＿＿＿＿＿＿＿（　　　　式）

11） Schwester　姉（妹）　＿＿性名詞　　複数形は＿＿＿＿＿＿＿（　　　　式）

12） Handy　ケータイ　＿＿性名詞　　複数形は＿＿＿＿＿＿＿（　　　　式）

# 7 定冠詞 der

🗝 冠詞の形が「が」「の」「に」「を」なんだ

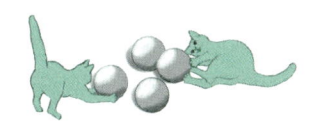

定冠詞といえば英語では *the* ですが，ドイツ語ではこの *the* がさまざまに形を変えてしまいます。冠詞の使い方がマスターできると，ドイツ語の文章がとても論理的にできていることがわかるはずです。

**基本のきほん**

🎧 CD 26

母は　　　　プレゼントする
**Die Mutter schenkt**
└ 主語（1格）を表す定冠詞

　　　　　　子供たちに　　　　それらの本を
**den Kindern die Bücher.**
└「～に」（複数3格）　└複数3格の n　└直接目的語（4格）
　を表す定冠詞　　　　　　　　　　　を表す定冠詞

母は子供たちにそれらの本をプレゼントする。

## 7 定冠詞 der

### 1 定冠詞の変化

◆ 名詞の性によって，違った定冠詞が付きます。

男性名詞には der： der Tag 日　　der Vater 父
中性名詞には das： das Buch 本　　das Kind 子供
女性名詞には die： die Uhr 時計　　die Mutter 母

◆ 複数形ではどれも die です。性の区別はなくなります。

|  | 単数形 | 複数形 |
|---|---|---|
| 男 | der Tag | die Tage |
| 中 | das Buch | die Bücher |
| 女 | die Uhr | die Uhren |

**素朴なぎもん**
複数形には性の区別はないの？

☑ 女性形と複数形とは形がカブリどちらも die です。3人称の代名詞も，「彼女」と「彼ら」は形がカブリどちらも sie でしたね(⇒ 23 ページ)。

◆ 名詞の性を覚えるときにはこのように定冠詞を付けて，der Tag — die Tage, das Buch — die Bücher と声に出して覚えます。

**素朴なぎもん**
名詞の性を覚えるときのコツは？

### 2 4つの格

🎧 CD 27

◆ 定冠詞は，日本語の助詞でいう「が(は)」「の」「に」「を」を表す働きをします。「が(は)」「の」「に」「を」に応じて，定冠詞が形を変えます。
例えば「父が」なら der Vater，「父を」なら den Vater となります。

┃ 名詞そのものには「が(は)」「の」「に」「を」を表す力が基本的にありません。Vater という名詞だけでは「父が」なのか「父を」なのかわかりません。

**素朴なぎもん**
「格」って何？

◆ 格とは，「が(は)」「の」「に」「を」のうちどの**資格**であるのかを示すものです。「が(は)」「の」「に」「を」の順に，1格，2格，3格，4格と呼びます。例えば，男性名詞の場合，次のように定冠詞が形を変えることで，格の違いが表現されます。

## 7 定冠詞 der

1格（〜が/は）：主語になる（主格）
**Der Vater** ist noch jung.　　　　　父はまだ若い。

2格（〜の）：所有を表す（所有格）
Das Auto **des Vaters** ist groß.　　　父の車は大きい。

> 素朴なぎもん
> 2格はどこに置くの？

✓ 2格は後ろから名詞にかかります。

3格（〜に）：間接目的語になる（間接目的格）
Ich schenke **dem Vater** das Buch.　　私は父に本をあげる。

4格（〜を）：直接目的語になる（直接目的格）
Ich liebe **den Vater**.　　　　　　　　私は父を愛している。

### 3 定冠詞の格変化

◆ 1格，2格，3格，4格というように，格によって変化していくことを**格変化**と呼びます。

◆ 定冠詞の格変化を一覧表にすると次のようになります。

> 素朴なぎもん
> 定冠詞はどんなふうに変化する？

（nが繰り返される。）

定冠詞の格変化

|  | 男 | 中 | 女 | 複 |
|---|---|---|---|---|
| 1格 | der Tag | das Buch | die Uhr | die Bücher |
| 2格 | des Tag(e)s | des Buch(e)s | der Uhr | der Bücher |
| 3格 | dem Tag | dem Buch | der Uhr | den Büchern |
| 4格 | den Tag | das Buch | die Uhr | die Bücher |

✓ 女性形と複数形とは形がカブって（⇒ 34 ページ）いますね。

◆ 表をよく見て下さい。**男性2格と中性2格**では定冠詞の -s が名詞にも付いて，**-s がだめ押し**されます。

　　des Tag(e)**s**, des Buch(e)**s**

> 素朴なぎもん
> 名詞の2格は -es なの，-s なの？

たいていの名詞は -es でも -s でもどちらでもかまわないのですが，1音節の名詞には -es (Buches, Tages)，2音節以上の名詞には -s (Vaters, Wagens) が付くと思っておけばいいでしょう。ただし，名詞が -s, -sch, -tz のような歯音（歯と歯を合わせて発音する音）で終わる場合は，1音節の名詞でも Hauses のように必ず -es を付けます。Hauss では発音しづらいからです。辞書を見れ

## 7 定冠詞 der

ば単数2格形は必ず載っています（⇒ 30 ページ）から，迷ったときにはこれを見ましょう。

◆ **複数3格**では冠詞の −n が名詞にも付いて，**−n がだめ押し**されます。

　　den Büchern

**Kleine Übungen ミニ練習** 次の定冠詞＋名詞を格変化させてみましょう。

|  |  | 単数形 | 複数形 |  |  | 単数形 | 複数形 |
|---|---|---|---|---|---|---|---|
| 1) | 1格 | der Hund | die Hunde | 2) | 1格 | das Kind | die Kinder |
|  | 2格 |  |  |  | 2格 |  |  |
|  | 3格 |  |  |  | 3格 |  |  |
|  | 4格 |  |  |  | 4格 |  |  |

|  |  | 単数形 | 複数形 |  |  | 単数形 | 複数形 |
|---|---|---|---|---|---|---|---|
| 3) | 1格 | die Brille | die Brillen | 4) | 1格 | der Lehrer | die Lehrer |
|  | 2格 |  |  |  | 2格 |  |  |
|  | 3格 |  |  |  | 3格 |  |  |
|  | 4格 |  |  |  | 4格 |  |  |

**Kleine Übungen ミニ練習** 次の文を，格に気をつけながら訳してみましょう。

1) Wir danken der Mutter.
　　　　　　　女性3格

2) Ich schenke dem Kind  die Uhr.
　　　　　　　＿性＿格　＿性＿格

3) Wir zeigen den Lehrern die Aufgaben.
　　　　　　　＿数＿格　　＿数＿格

4) Das Haus  des Lehrers  ist groß.
　　　　　　＿性＿格　＿性＿格

## 男性弱変化名詞

- 単数1格以外で，ことごとく-en というワンパターンな形になる特殊な男性名詞があります。これを，**男性弱変化名詞**と呼びます。

**Student** 男 **-en／-en**

| | 単数 | 複数 |
|---|---|---|
| 1格 | der Student | die Studenten |
| 2格 | des Student**en** | der Studenten |
| 3格 | dem Student**en** | den Studenten |
| 4格 | den Student**en** | die Studenten |

単数2格も-es ではなく-en となります。

他に Mensch（人間），Patient（患者），Junge（少年）などが男性弱変化名詞です。

マッターホルン（Matterhorn）を望む
スイス（die Schweiz）

# Übungen

**1** 次の下線部に適切な定冠詞を入れて，日本語に訳しなさい。

1) _____ Kind sucht _____ Hund.

2) Heute ist Sonntag. _____ Kinder spielen Fußball.

3) Der Lehrer zeigt heute _____ Schülern _____ Bibliothek.

4) Wie ist _____ Name _____ Hundes?
   — _____ Hund heißt Bello.

5) Maria ist _____ Mutter sehr ähnlich.

6) _____ Jacke gehört* _____ Frau.

   *gehören は英語の *belong to* に相当し，3格の名詞と一緒に使います。「〜に所属する」つまりは「〜のもの」という意味になります。

**2** 次の文の下線部を複数形に変え，全文を書きなさい。

1) Ich kenne die Frau gut.　　⇒

2) Der Schüler versteht den Satz.　⇒

**3** 次の文をドイツ語に訳しなさい。

1) 私は，その教師たちに感謝する（danken）。

2) 君（親称）は，その子供の父親（Vater）を知って（kennen）いますか。

3) 私たちは，母に花（Blume 複数形で）をプレゼントする（schenken）。

# 8 dieser 型（定冠詞類）

## 🔑 定冠詞をマイナーチェンジ

定冠詞の変化はマスターできましたか。この課で出てくる dieser 型（定冠詞類）というのは，定冠詞がわかったあなたには，難しくはありません。定冠詞とほんの少し違っているだけですから。

### 基本のきほん

🎧 CD 28

すべての学生は　　　持つ　　　このケータイを
**Alle** Studenten haben **dieses** Handy.
　└ 複数１格　　　　　　　　└ 中性４格

　　　　　　すべての学生がこのケータイを持っている。

## 8 dieser 型（定冠詞類）

### 1 dieser 型（定冠詞類）

CD 29

◆ 定冠詞とほぼ同じ変化の仕方をする語があります。これを **dieser 型（定冠詞類）** と呼びます。

> 英語の *every* と同様に単数形で！

**素朴なぎもん**
dieser 型（定冠詞類）ってどんなもの？

| dieser | この（英 *this*） | jeder | どの〜も（英 *every*） |
| solcher | そのような（英 *such*） | welcher | どの（英 *which*） |
| aller | すべての（英 *all*） | mancher | いくつもの |
| jener | あの（英 *that*） | | |

◆ 定冠詞の語尾変化と違うのは，中性1格・4格 d-**as** ⇒ dies-**es**，女性1格・4格及び複数1格・4格 d-**ie** ⇒ dies-**e** だけです。

#### dieser 型の格変化

| | 男 | 中 | 女 | 複 |
|---|---|---|---|---|
| 1格 | dies**er** Tag | dies**es** Buch | dies**e** Uhr | dies**e** Bücher |
| 2格 | dies**es** Tag(e)s | dies**es** Buch(e)s | dies**er** Uhr | dies**er** Bücher |
| 3格 | dies**em** Tag | dies**em** Buch | dies**er** Uhr | dies**en** Büchern |
| 4格 | dies**en** Tag | dies**es** Buch | dies**e** Uhr | dies**e** Bücher |

> 男性と中性の2格では名詞に -(e)s を付け dies**es** Tag(e)**s** のようにだめ押し，また複数3格では名詞に -n を付けて dies**en** Bücher**n** のようにだめ押すのは，定冠詞のときと同じです。

**Alle** Schüler kaufen **dieses** Handy.　　すべての生徒がこのケータイを買う。
　複数1格　　　　　　　　中性4格

**Jedes** Haus hat **solche** Tür.　　どの家にもそのようなドアがある。
　中性1格　　　　　女性4格

**Welchen** Computer kaufst du?　　君はどのコンピュータを買いますか。
　男性4格

Ich trinke **jeden** Tag Milch.　　私は毎日牛乳を飲む。
　　　　　男性4格

**素朴なぎもん**
jeden Tag は4格なのになぜ「毎日を」とならないの？

> 4格は直接目的語の働きをして「〜を」と訳すことが多いですが，もうひとつまったく別の使い方があります。それは **副詞的4格** と呼ばれる使い方で，「今月に行く」とか「毎週行く」のように時を表す副詞の働きをします。英語の *this year* は dieses Jahr（中性4格），*every week* は jede Woche（女性4格）のように言います。

## 8 dieser 型（定冠詞類）

**Kleine Übungen** ミニ練習　次の定冠詞類＋名詞を格変化させてみましょう。

1)
|   | 単数形 | 複数形 |
|---|---|---|
| 1格 | solcher Tag | solche Tage |
| 2格 | | |
| 3格 | | |
| 4格 | | |

2)
|   | 単数形 |
|---|---|
| 1格 | jede Tochter |
| 2格 | |
| 3格 | |
| 4格 | |

3)
|   | 単数形 | 複数形 |
|---|---|---|
| 1格 | welches Buch | welche Bücher |
| 2格 | | |
| 3格 | | |
| 4格 | | |

4)
|   | 複数形 |
|---|---|
| 1格 | alle Töchter |
| 2格 | |
| 3格 | |
| 4格 | |

### 2 「もの」を受ける人称代名詞　CD 30

◆ **男性**名詞なら代名詞 **er** で，**中性**名詞なら代名詞 **es** で，**女性**名詞なら代名詞 **sie** で，**複数**名詞なら代名詞 **sie** で受けます。

> 人ではなくても he, she を用いるわけです。したがって，es だけでなく，er も sie も「それ」と訳すことになります。

**素朴なぎもん**
「もの」を表す名詞はいつでも es で受けるの？

Ist der / dieser Garten groß?　— Ja, **er** ist groß.
その／この庭は大きいですか。— はい，それは大きいです。

Ist das / dieses Buch neu?　— Ja, **es** ist neu.
その／この本は新しいですか。— はい，それは新しいです。

Ist die / diese Kamera alt?　— Ja, **sie** ist alt.
その／このカメラは古いですか。— はい，それは古いです。

Sind die / diese Bücher neu?　— Ja, **sie** sind neu.
それらの／これらの本は新しいですか。— はい，それらは新しいです。

☑ よく見ると，d**er** / dies**er** ⇒ **er**，d**as** / dies**es** ⇒ e**s**，d**ie** / dies**e** ⇒ s**ie**，d**ie** / dies**e** ⇒ s**ie** のように，語末部分が対応していますね。名詞を正しい代名詞で受けられたかどうかが，これで判別できます。

**Kleine Übungen** ミニ練習　かっこ内に適切な代名詞を入れてみましょう。

1) Ist dieses Handy neu?　　— Ja, (　　　) ist sehr neu.
2) Sind diese Bücher teuer?　— Ja, (　　　) sind teuer.

## 8 dieser 型（定冠詞類）

3) Ist diese Tür kaputt?　　　— Ja, (　　　) ist kaputt.
4) Ist dieser Hut groß?　　　　— Ja, (　　　) ist groß.

---

### すこし詳しい目の ＋α 情報

#### 「が」「の」「に」「を」がドイツ語の格と一致しない場合

● 日本語の「〜が」，「〜の」，「〜に」，「〜を」とドイツ語の1格，2格，3格，4格という対応関係がずれることも少なくありません。

Ich helfe **meiner Mutter**.　　　　　私は母を助ける（手伝う）。(「〜を」が3格)

Ich frage **meine Mutter**.　　　　　私は母に尋ねる。(「〜に」が4格)

Ich sehe **meine Freunde**.　　　　　私は私の友人たちに会う。(「〜に」が4格)

Diese Jacken gefallen **dem Vater**.　これらのジャケットは父の気に入る。(お気に入りだ)。(「〜の」が3格)

---

### Wörterbuch 独和辞典の使い方

辞書には，動詞が何格と結び付くかについて書いてあります。

見出し語 helfen：人³（または **j** ³または **jm**）
　⇒ helfen が人を表す名詞の3格と結び付くことがわかる

見出し語 fragen：人⁴（または **j** ⁴または **jn**）
　⇒ fragen が人を表す名詞の4格と結び付くことがわかる

見出し語 geben：人³ 物⁴（または **j** ³ **et.** ⁴）（または **jm　etw** ⁴）
　⇒ geben が人を表す名詞の3格と，ものを表す名詞の4格と結び付くことがわかる

☑　j というのは jemand（誰か）の略で，jn は jemanden（「誰か」の4格）の略，jm は jemandem（「誰か」の3格）の略です。et., etw とは etwas（何か）の略です。

# Übungen

**1** 次の下線部に適切な語尾を入れて，日本語に訳しなさい。

1) Ist dies____ Wagen neu?

   — Ja, er ist noch neu.

2) Jed____ Schüler dies____ Klasse ist sehr aktiv.

3) Manch____ Leute lesen solch____ Bücher.

4) Der Lehrer erklärt all____ Schülern die Grammatik.

5) Welch____ Frau gehört dies____ Kamera?

   — Sie gehört dies____ Frau.

6) Ich frage dies____ Lehrerin.

7) Jed____ Woche kommt der Professor nach Tokio.

8) Dies____ Jahr fahre ich nach Italien.

**2** 次の文をドイツ語に訳しなさい。

1) この時計(Uhr)は高い(teuer)ですか。——はい，それは高いです。

2) この大学(Universität)のどの学生(Student)も勤勉(fleißig)です。

3) 今年，私たちはこの町(Stadt)を訪れ(besuchen)ます。

4) 私は，この子供の父親を知っています。

# 9 不定冠詞 ein と mein 型（不定冠詞類）

## 3カ所だけ尾っぽナシ

さらにまた違ったタイプの変化が登場！と思われるかもしれませんが，dieser 型（定冠詞類）の変化を知っていればごく簡単なことです。安心してこの課に入って下さい。dieser 型と比べて，3カ所で語尾がない点が異なっているだけです。

### 基本のきほん

**Mein Bruder schenkt**
男性1格だと語尾が付かない！

**meiner Schwester eine Uhr.**
女性3格　　　　　　　　女性4格

私の兄（弟）は私の姉（妹）にひとつの時計をプレゼントする。

## 9 不定冠詞 ein と mein 型（不定冠詞類）

### 1 不定冠詞 ein の格変化

CD 32

◆ 男性1格，中性1格・4格では語尾が付きません。（■印）
　それ以外は dieser 型（定冠詞類）とまったく同じ変化をします。

**素朴なぎもん**
不定冠詞はどんなふうに変化するの？

不定冠詞の格変化

|  | 男 | 中 | 女 |
|---|---|---|---|
| 1格 | ein■ Tag | ein■ Buch | eine Uhr |
| 2格 | eines Tag(e)s | eines Buch(e)s | einer Uhr |
| 3格 | einem Tag | einem Buch | einer Uhr |
| 4格 | einen Tag | ein■ Buch | eine Uhr |

◆ ein は「ひとつ」のものに付くので，複数形はありません。

**素朴なぎもん**
不定冠詞に複数形はないの？

Ich habe **einen** Bruder.　　　　私には（ひとりの）兄（弟）がいる。
　　　　男性4格

Jetzt lese ich **ein** Buch.　　　　今私は（一冊の）本を読んでいる。
　　　　　　　中性4格

Wir geben **einem** Kind **eine** Katze.
　　　　　中性3格　　　女性4格
　　　　　　　　　私たちは（ある）子供に（一匹の）ネコをあげる。

---

**Kleine Übungen　ミニ練習**　次の不定冠詞 + 名詞を格変化させてみましょう。

1) 1格　ein Monat　　　　2) 1格　ein Auto
　 2格　　　　　　　　　　　 2格
　 3格　　　　　　　　　　　 3格
　 4格　　　　　　　　　　　 4格

3) 1格　eine Blume　　　　4) 1格　ein Hund
　 2格　　　　　　　　　　　 2格
　 3格　　　　　　　　　　　 3格
　 4格　　　　　　　　　　　 4格

## ⑨ 不定冠詞 ein と mein 型（不定冠詞類）

### 2 mein 型（不定冠詞類）の格変化

🎧 CD 33

**素朴なぎもん**
mein 型（不定冠詞類）はどんな変化？

◆ 不定冠詞と同じく**男性１格，中性１格・４格で語尾が付きません。**

不定冠詞類の変化

|  | 男 | 中 | 女 | 複 |
|---|---|---|---|---|
| １格 | mein■ Tag | mein■ Buch | meine Uhr | meine Bücher |
| ２格 | meines Tag(e)s | meines Buch(e)s | meiner Uhr | meiner Bücher |
| ３格 | meinem Tag | meinem Buch | meiner Uhr | meinen Büchern |
| ４格 | meinen Tag | mein■ Buch | meine Uhr | meine Bücher |

☑ 複数形がある点だけが不定冠詞と異なります。

◆ mein 型と呼ばれる語には，所有冠詞と否定冠詞があります。

**素朴なぎもん**
所有冠詞って何？

① **所有冠詞**は，英語の所有代名詞 *my, your, his* 等にあたる単語のことです。

| | | | | | |
|---|---|---|---|---|---|
| mein | 私の | (<ich) | unser | 私たちの | (<wir) |
| dein | 君の | (<du) | euer | 君たちの | (<ihr) |
| sein | 彼の | (<er) | | | |
| sein | それの | (<es) | ihr | 彼ら/それら/彼女たちの | (<sie) |
| ihr | 彼女の | (<sie) | | | |
| | | Ihr | あなた(たち)の | (<Sie) | |

☑ 「ズィー」(sie, Sie) の所有冠詞はすべて「イーア」(ihr, Ihr) となります。３つの「ズィー」の区別（⇒ 24 ページ）を思い出しましょう。

Wo arbeitet **Ihr** Vater?
— **Mein** Vater arbeitet in Tokio.
　　　　　あなたのお父さんはどこで働いていますか。
　　　　　── 私の父は東京で働いています。

Wir kennen **ihren** Vater.
　　　　　私たちは，彼女の(彼らの)お父さんを知っている。

**Unsere** Eltern trinken gern Wein.
　　　　　私たちの両親はワインが好きです。

Ich gebe **deinem** Bruder **mein** Buch.
　　　　　私は君の兄(弟)に私の本をあげる。

## 9 不定冠詞 ein と mein 型（不定冠詞類）

**②** **否定冠詞**とは，*I have no money.* というときの英語の *no* にあたる **kein** のことです（用法については⇒50ページ）。

Ich habe **keine** Zeit.　　　　　　　　私は暇（時間）がない。
　└ Zeit は女性名詞なので4格は keine

Ich habe **keinen** Hunger.　　　　　　私は空腹ではない。
　└ Hunger は男性名詞　　　　　　　（私は空腹を持っていない）
　　なので4格は keinen

☑ このように性によって当然ながら keine, keinen のように形を変えます。

> **素朴なぎもん**
> 否定冠詞って何？

### Kleine Übungen ミニ練習　次の不定冠詞類 + 名詞を格変化させてみましょう。

|  |  | 単数形 | 複数形 |
|---|---|---|---|
| 1) | 1格 | dein Hund | deine Hunde |
|  | 2格 |  |  |
|  | 3格 |  |  |
|  | 4格 |  |  |
| 2) | 1格 | unser Haus | unsere Häuser |
|  | 2格 |  |  |
|  | 3格 |  |  |
|  | 4格 |  |  |
| 3) | 1格 | Ihre Tochter | Ihre Töchter |
|  | 2格 |  |  |
|  | 3格 |  |  |
|  | 4格 |  |  |
| 4) | 1格 | kein Tisch | keine Tische |
|  | 2格 |  |  |
|  | 3格 |  |  |
|  | 4格 |  |  |

# Übungen

**1** 次の下線部に適切な語尾を入れて，日本語に訳しなさい（語尾が不要な場合は×印を入れなさい）。

1) Ich habe ein____ Schwester und ein____ Bruder.

2) Mein____ Bruder joggt jeden Morgen.

3) Das Auto gehört mein____ Vater.

4) Die Schülerin antwortet ihr____ Lehrer.

5) Ich bin mein____ Großvater ähnlich.

6) Wir danken Ihr____ Vater.

7) Kein____ Antwort ist auch ein____ Antwort.〔諺〕

8) Der Sohn hilft sein____ Mutter.

**2** 問いに対してかっこ内の語で答えなさい。

1) Wessen Wörterbuch ist das?（彼の辞書）

2) Wem schenkt ihr diese Blumen?（私たちのお父さん）

**3** 次の文をドイツ語に訳しなさい。

1) 私は彼女の姉（Schwester）をよく（gut）知って（kennen）いる。

2) 彼の子供たちは，今（jetzt）夏休み（Sommerferien）です。

3) あなたの車（Auto）は，何色（Farbe）をして（haben）いますか。
　　　　〔＝どの色を持っていますか。〕

# 10 否定文

## 🗝 kein と nicht の縄張り争い

前の課で否定冠詞 kein が出てきましたが，否定文を作るのには英語の *not* にあたる nicht を用いる場合もあります。kein と nicht の使い分けについてここでは学びます。

### 基本のきほん

**Ich habe keinen Fernseher.**

　　不定冠詞 einen の否定は keinen を用いる

　　　　私はテレビを持っていません。

(⇐ **Ich habe einen Fernseher.**

　　　　私は一台のテレビを持っている。)

**Ich habe den Fernseher nicht.**

　　不定冠詞の否定でないので，nicht を用いる

　　　　私はそのテレビを持っていません。

(⇐ **Ich habe den Fernseher.**

　　　　私はそのテレビを持っている。)

# 10 否定文

## 1 kein と nicht の使い分け

CD 35

◆ 不定冠詞 ein が付いた名詞，または無冠詞の名詞を伴う文は，kein で否定します。それ以外の場合は，nicht で否定文を作ります。

### ① 不定詞 ein が付いた名詞，または無冠詞の名詞を伴う文の否定は，kein で

Sie hat <u>eine</u> Schwester. 　　彼女には姉（妹）がいる。（不定冠詞）

⇒ Sie hat **keine** Schwester. 　　彼女には姉（妹）がいない。

Sie hat <u>Geld</u>. 　　彼女はお金がある。（無冠詞）

⇒ Sie hat **kein** Geld. 　　彼女はお金がない。（Geld は中性名詞）

> 名詞の性によって kein が語形を変えます。「お腹が空いていない」は Sie hat **keinen** Hunger.（男性4格）ですが，「時間がない」は Sie hat **keine** Zeit.（女性4格）となります。

**素朴なぎもん**：kein と nicht はどう違うの？

**素朴なぎもん**：kein も形が変化するの？

### ② それ以外の場合は，nicht で

Ich suche <u>den Hund</u>. 　　私はその犬をさがす。

⇒ Ich suche den Hund **nicht**. 　　私はその犬をさがさない。

> **nicht** は多くの場合文末に置かれます。ただし，英語の SVC（主語＋述語＋補語）のときには，Ich bin heute <u>nicht</u> krank. のように，C の直前に来ると覚えておきましょう（詳しくは⇒附録「語順のまとめ」162 ページ）。

**素朴なぎもん**：nicht の位置はどこになるの？

---

**Kleine Übungen　ミニ練習**　次の文を否定文に変えてみましょう。

1) Das ist meine Uhr.
2) Wir haben einen Bruder.
3) Ich habe jetzt Fieber.

## 2 否定疑問文に対する答え方

◆ 否定疑問文に対して「はい」は nein を,「いいえ」は doch を用います。

Haben Sie keine Zeit? あなたは時間がないのですか。

— **Nein**, ich habe keine Zeit. — はい,時間はありません。

— **Doch**, ich habe Zeit. — いいえ,時間はあります。

Bist du nicht krank? 君は病気ではないのですか。

— **Nein**, ich bin nicht krank. — はい,病気ではありません。

— **Doch**, ich bin krank. — いいえ,病気です。

**素朴なぎもん**
否定疑問文に対する *Yes*, *No* はどう言うの?

ウィーン (Wien) の街角

# Übungen

**1** 次の文を否定文にしなさい。

1) Wir haben Hunger.

2) Er ist der Sohn dieses Lehrers.

3) Ich habe einen Bruder.

4) Meine Mutter kauft jetzt eine Kamera.

**2** 次の文にNeinで答えなさい。

1) Sind Sie müde? ⇒

2) Lesen Sie dieses Buch? ⇒

3) Hat Petra heute Zeit? ⇒

4) Hast du keinen Durst? ⇒

**3** 次の文をドイツ語に訳しなさい。

1) あなたは明日来ますか。—— いいえ，私は明日来ません。

2) 私は今，小銭（Kleingeld）を持っていません。

3) この自転車（Fahrrad）は私の母のものではありません。（gehörenを用いて）

4) 私は姉妹（Schwester）がいません。

# 11 動詞の現在人称変化（2）

🔑 エ，イ，イーっと，気合いで変身

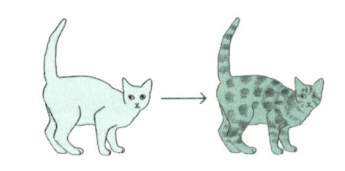

英語と同じく，ドイツ語にも不規則動詞と呼ばれるものがあります。これらの不規則動詞には，現在形で母音を変化させるものがありますから要注意です。

## 基本のきほん

🎧 CD 37

Schläfst du heute lang?
　　　　主語が du なので a
　　　　が ä に変わる

　　　　　　　　　　　　　君は今日長い間寝ますか。

Peter spricht Japanisch.
　　　　　主語が Peter（3人称単数）
　　　　　なので e が i に変わる

　　　　　　　　　　　　　ペーターは日本語を話す。

# 11 動詞の現在人称変化（2）

## 1 不規則動詞

**素朴なぎもん**
規則動詞か不規則動詞かどう見分けるの？

◆ 辞書で引いてみて，見出し語に fahren\*，sehen\* のように**右肩に星印**が付いているのが不規則動詞です。

**Wörterbuch 独和辞典の使い方**

辞書では，不規則動詞は見出し語で右肩に\*が付いています。また辞書巻末の一覧表に載っています。（この参考書の巻末には，「主な不規則動詞の変化表」が載っています。）

不規則動詞かどうかを見分けるおおまかなコツもあります。英語で *come*, *go*, *eat*, *read* のように不規則動詞である動詞は，同じ意味のドイツ語でもほとんどの場合不規則動詞です（kommen\*，gehen\*，essen\*，lesen\*⇒附録「主な不規則動詞の変化表」）。

## 2 不規則動詞の幹母音の変化（現在形）

CD 38

**素朴なぎもん**
不規則動詞の現在形は？

◆ **幹母音**（語幹の母音）が a または e の不規則動詞は，現在形のとき du と er で**幹母音**（語幹の母音）が変化します。

|  | a ⇒ ä | [エ] [イ]<br>e ⇒ i | [エー] [イー]<br>e ⇒ ie |
|---|---|---|---|
| 不定詞 | fahren\*<br>（乗物で）行く | sprechen\*<br>話す | sehen\*<br>見る |
| ich | fahre | spreche | sehe |
| du | f**ä**hrst | spr**i**chst | s**ie**hst |
| er | f**ä**hrt | spr**i**cht | s**ie**ht |
| wir | fahren | sprechen | sehen |
| ihr | fahrt | sprecht | seht |
| sie | fahren | sprechen | sehen |

短い「エ」は短い「イ」に，長い「エー」は長い「イー」に。

Thomas **fährt** morgen nach Fukuoka.
トーマスは明日福岡へ行く。

**Sprichst** du Englisch?
君は英語を話しますか。

**Siehst** du das Haus?
君はその家が見えますか。

## 11 動詞の現在人称変化（2）

◆ **werden**\*（なる）は幹母音以外に子音も少し変わってしまいます。

| | |
|---|---|
| ich werde | wir werden |
| du **wirst** | ihr werdet |
| er **wird** | sie werden |

**素朴なぎもん**
werden って大事なの？

☑ werden は，未来形と受動態にも使う，とても大切な動詞です。声に出して覚えてしまいましょう。

**Kleine Übungen ミニ練習** 次の動詞を，ich, du, er, wir, ihr, sie の順に現在人称変化させてみましょう。

1) schlafen\*  2) essen\*  3) helfen\*  4) lesen\*  5) geben\*

### すこし詳しい目の ＋α 情報

### 特殊な変化をする動詞

● 不規則動詞の中には，現在形で主語が du と er のときに幹母音以外にも変化が起こってしまうものがあります。

nehmen\*（英 take）： du **nimmst**　er **nimmt**

halten\*（英 hold）： du **hältst**　er **hält**
　　　　　　　　　　　［ヘルツト］　　［ヘルト］

treten\*（英 enter）： du **trittst**　er **tritt**
　　　　　　　　　　　［トリッツト］　［トリット］

▌語幹が -t で終わっているのに，hältest, hältet, trittest, trittet のように口調のe が入らないのです！
こういう変わり者の動詞は，いちいち調べて覚えるほかありません。
附録「主な不規則動詞の変化表」でチェックしてみて下さい。

# Übungen

**1** かっこ内の動詞を適切な形にして下線部に書き入れ，日本語に訳しなさい。

1) _____ (sprechen) Peter Japanisch?

2) Was _____ (lesen) du gern? — Ich _____ (lesen) gern Comics.

3) Was _____ (essen) du gern? — Ich _____ (essen) gern Gemüse.

4) _____ (fahren) Maria heute nach München?

5) _____ (helfen) du jeden Tag deiner Mutter?
— Ja, ich _____ (helfen) jeden Tag meiner Mutter.

6) Peter _____ (werden) sicher gesund.

7) Sein Vater _____ (nehmen) ein Taxi.

8) _____ (sehen) du den Turm?
— Ja, ich _____ (sehen) ihn.

9) _____ (geben) du mir bitte eine Tasse Kaffee?

**2** 次の文をドイツ語に訳しなさい。

1) その子供はよく(gut)眠っている。

2) 私はこの本を読むのが好きです。

3) あなたのお母さんは英語(Englisch)を話しますか。

# 12 命令形

🔑 現在形がわかればできるはず

続いてまた，動詞のことを勉強します。ドイツ語の命令形は，誰に対して命令するかによって３種類あります。どれも現在形がわかっている人には，難しくはありません。

**基本のきほん**

CD 39

倒置するだけでよい

**Sprechen Sie Japanisch!**
　　　　⇐ Sie sprechen Japanisch.
　（あなた[たち]，）日本語を話して下さい。（Sie に対して）

主語 ihr を省くだけでよい

**Sprecht Japanisch!**
　　　　⇐ Ihr sprecht Japanisch.
　（君たち，）日本語を話しなさい。（ihr に対して）

du が主語のときの動詞の現在形から語尾
-st を取り去り，さらに主語を省くとできる

**Sprich Japanisch!**
　　　　⇐ Du sprichst Japanisch.
　（君，）日本語を話しなさい。（du に対して）

## 12 命令形

### 1 Sie, ihr, du に対する命令形

CD 40

◆ 命令する相手の人が Sie（親しくはない人）なのか，du（ひとりの親しい人）なのか ihr（何人かの親しい人）なのかによって，違った命令形を作ります。どれも現在形をもとに考えるとわかりやすいです。

**素朴なぎもん**
命令形ってどんなふうに作るの？

#### ① Sie に対する命令形

–en Sie! のように，現在形の主語と動詞を**倒置**します。

　　(現在形)　　　　　　(命令形)
　　Sie kommen heute. ⇒ **Kommen Sie** heute!
　　　　　　　　　　　　　　　　(あなた[たち]，)今日来て下さい。

　✓　命令形はすべて文末に " ！ "（感嘆符）を付けます。

> 命令形の Kommen Sie heute! は，Kommen Sie heute? と形が同じです。書いたときには文末のマークが " ？ " と " ！ " とで違うだけです。口で言うときには，疑問文は文末を上昇調で，命令文は文末を下降調で発音します。

**素朴なぎもん**
Sie の命令形は，Sie の疑問文と形が同じなの？

#### ② ihr に対する命令形

ihr の現在形から，**主語を省き**ます。

　　(現在形)　　　　　　(命令形)
　　Ihr kommt heute.　⇒ **Kommt** heute!　　(君たち，)今日来なさい。
　　Ihr arbeitet hier.　⇒ **Arbeitet** hier!
　　　　　　　　　　　　　　　　(君たち，)ここで仕事をしなさい。

#### ③ du に対する命令形

少し難しいところがありますが，du の現在形から**語尾 –st を取り去り**，さらに**主語を省く**とできると考えるとわかりやすいです。

　　(現在形)　　　　　　　　　(命令形)
　　Du komm–st heute.　　　⇒ **Komm** heute!
　　　　　　　　　　　　　　　　　　(君，)今日来なさい。
　　Du arbeit–e–st hier.　　　⇒ **Arbeite** hier!
　　　　　　　　　　　　　　　　　　(君，)ここで働きなさい。
　　Du hilf–st meinem Bruder. ⇒ **Hilf** meinem Bruder!
　　　　　　　　　　　　　　　　　　(君，)私の兄(弟)を手伝いなさい。
　　Du nimm–st ein Taxi.　　 ⇒ **Nimm** ein Taxi!
　　　　　　　　　　　　　　　　　　(君，)タクシーに乗りなさい。

ただし，**a ⇒ ä 型**の動詞では幹母音は **a** のままです。

　　Du fähr–st nach Berlin.　 ⇒ **Fahr** nach Berlin!
　　　　　　　　　　　　　　　　　　(君，)ベルリンへ行きなさい。

## 12 命令形

**Kleine Übungen ミニ練習** Sie, ihr, du に対する命令文に変えましょう。

1） Sie kaufen diese Uhr.
2） Sie sprechen laut.

### 2 sein と werden の命令形

◆ sein と werden の命令形は，今習ったやり方では作れない部分があります。次の緑の文字のところです。

**素朴なぎもん**
命令形に例外はあるの？

| sein の命令形 | werden の命令形 |
|---|---|
| Sie に対して： **Seien** Sie! | Sie に対して：Werden Sie! |
| ihr に対して： Seid! | ihr に対して：Werdet! |
| du に対して： **Sei**! | du に対して：**Werd(e)**! |

Seien Sie ruhig! 　　　　　　　　　（あなた[たち]，）静かにして下さい。

Sei ruhig! (🇬🇧 *Be quiet!*) 　　　　　（君，）静かにしなさい。

Werd(e) nicht krank! 　　　　　　　（君，）病気にならないでね。

---

**すこし詳しい目の ＋α 情報**

#### 勧誘する表現

● 英語の *Let's* に相当する表現は，主語と動詞を倒置させて –en wir! という表現で表します。

**Lesen wir** jetzt dieses Buch! 　　　今この本を読みましょう。
**Helfen wir** unserer Mutter! 　　　お母さんの手伝いをしましょう。

**素朴なぎもん**
英語の *Let's* はどう言うの？

# Übungen

**1** 次の文をそれぞれ，Sie, ihr, du に対する命令文にしなさい。

1）Sie trinken Milch.

2）Sie schreiben einen Brief.

3）Sie sind vorsichtig.

4）Sie schlafen gut.

5）Sie nehmen dieses Medikament.

6）Sie warten hier.

**2** 次の文をドイツ語に訳しなさい。

1）ここではタバコを吸わ（rauchen）ないで下さい。（Sie に対して）

2）今日は家にい（zu Haus bleiben）なさい。（ihr に対して）

3）傘（Schirm *m.*）を忘れ（vergessen）ないで。（du に対して）

4）一緒に（zusammen）泳ぎ（schwimmen）ましょう。

5）明日（morgen）来て下さい。（Sie に対して）

# 13 人称代名詞の３格と４格

## どう言う，英語の *I, my, me*？

中学のときに覚えた *I - my - me*, *you - your - you* のドイツ語バージョンの登場です。ドイツ語で *I love you.* とか *She likes me.* と言えるようになりましょう。これらの代名詞がドイツ語でもスラスラ言えないといけません。

### 基本のきほん

CD 42

Sein Vater schenkt **ihm** diese Uhr.
　　　　　　　　　　　　└─ er の３格。英語の him に似ている！

彼の父は彼にこの時計をプレゼントする。

Petra besucht **uns** heute.
　　　　　　　　　└─ wir の４格。英語の us に似ている！

ペトラは今日私たちを訪れる。

# ⑬ 人称代名詞の3格と4格

## 1 人称代名詞の3格と4格

CD 43

**素朴なぎもん**
ドイツ語の *I-my-me* はどう言うの？

◆ すでに習った人称代名詞の1格「〜が（は）」と所有冠詞「〜の」も合わせて，人称代名詞の3格「〜に」，4格「〜を」を示すと，次の表のようになります。

人称代名詞の格変化（所有冠詞とともに）

|  | 単数 |  |  |  | 複数 |  |  |  |
|---|---|---|---|---|---|---|---|---|
|  | 1格 | 所有冠詞 | 3格 | 4格 | 1格 | 所有冠詞 | 3格 | 4格 |
| 1人称 | ich | mein | mir | mich | wir | unser | uns | uns |
| 2人称親称 | du | dein | dir | dich | ihr | euer | euch | euch |
| 3人称 | er | sein | ihm | ihn | sie | ihr | ihnen | sie |
|  | es | sein | ihm | es |  |  |  |  |
|  | sie | ihr | ihr | sie |  |  |  |  |
| 2人称敬称 | Sie | Ihr | Ihnen | Sie | Sie | Ihr | Ihnen | Sie |

**素朴なぎもん**
人称代名詞を覚えるコツは？

◆ 表をよく見ると，3人称の人称代名詞は，1格と3格と4格のところで語尾部分が定冠詞類と一致しているのがわかります。

男 **er** - ih**m** - ih**n** ⇔ dies**er** - dies**em** - dies**en**
中 **es** - ih**m** - **es** ⇔ dies**es** - dies**em** - dies**es**
女 si**e** - ih**r** - ih**r** - si**e** ⇔ dies**e** - dies**er** - dies**er** - dies**e**
複 si**e** - ih**r** - ihn**en** - si**e** ⇔ dies**e** - dies**er** - dies**en** - dies**e**

（女性形と複数形とは形がカブる（⇒24ページ）のでした。）

Ich gebe **dir** ein Buch. 　　私は君に本をあげる。
Sein Vater kennt **mich**. 　　彼の父は私を知っている。

　　　　　 ─ 語尾部分が -r で一致している ─
Hilfst du **deiner** Mutter? ── Ja, ich helfe **ihr**.
　　君は君のお母さんを手伝いますか。── はい，私は彼女を手伝います。

　　　　　 ─ 語尾部分が -n で一致している ─
Kaufen Sie **diesen** Computer? ── Nein, ich kaufe **ihn** nicht.
　　あなたはこのコンピュータを買いますか。── いいえ，私はそれを買いません。

◆ ihr がたくさん表に載っていますが，区別すると3種類あります。まず，①2人称親称複数の「君たちは」の ihr は当然主語になりますよね（⇒ 17ページ）。次に，②1格が［ズィー］（sie / Sie）と発音するものの所有冠詞（「〜の」）は，必ず［イーア］（ihr / Ihr）でした（⇒ 46ページ）。そして最後に，今回初めて習うことですが，③ sie（㊅ she）の3格が ihr です。その働きは間接目的語「彼女に」です。

**素朴なぎもん**
たくさんある ihr（Ihr）はどう区別すればいいの？

◆ 表には人称代名詞2格の代わりに所有冠詞が書いてありますが，「人称代名詞の2格」というものも存在します。しかし，実際に使われる頻度がきわめて少ないので，みなさんはそのかわりに所有冠詞を覚えておくだけでかまわないでしょう。参考までに「人称代名詞の2格」に触れておくと，所有冠詞に -er が付いた語形（例えば，meiner, deiner, seiner など）が人称代名詞の2格となります。15課に出てくる2格支配の前置詞（⇒ 71ページ）を例にとると，「私の代わりに」は statt meiner（㊅ instead of me）といいます。

―――― すこし詳しい目の ＋α 情報 ――――
　　　　　　　　　　プラス あるふぁ

## 3格と4格の語順

**素朴なぎもん**
3格と4格はどちらを先に置けばいいの？

● 3格と4格の両方があるときには，次の原則で順番を考えます。

①どちらも名詞の場合：3格＋4格

　　Ich schenke **dem Vater das Buch**.　　　私は父に本をプレゼントする。

②片方が代名詞の場合：代名詞が先行

　　Ich schenke **ihm das Buch**.　　　私は彼に本をプレゼントする。

　　Ich schenke **es dem Vater**.　　　私はそれを父にプレゼントする。

③どちらも代名詞の場合：4格＋3格

　　Ich schenke **es ihm**.　　　私はそれを彼にプレゼントする。

# Übungen

**1** 次の下線部に適切な人称代名詞を入れ，日本語に訳しなさい。

1) Nehmen Sie diese Straßenbahn?　— Ja, ich nehme ＿＿＿＿＿．

2) Gehört diese Uhr der Studentin?
   — Nein, ＿＿＿＿ gehört ＿＿＿＿ nicht.

3) Gibst du deiner Schwester diesen Füller?
   — Ja, ich gebe ＿＿＿＿ ＿＿＿＿．

**2** 次の下線部の名詞を適切な人称代名詞に変え，全文を書きなさい。

1) <u>Der Lehrer</u> kommt zu <u>seinem Freund</u>.

2) <u>Die Uhr</u> gefällt <u>der Lehrerin</u>.

3) Heute besuche ich <u>meine Tante</u>.

4) Nimm <u>das Taxi</u>!

5) Der Vater schenkt <u>seinen Kindern</u> <u>diese Spielzeuge</u>.

**3** 次の文をドイツ語に訳しなさい。

1) 私は君（親称）にこの本（Buch）をプレゼントする（schenken）。

2) 今日私たちは彼に会い（sehen）ます。

3) 私はあなた（敬称）を理解し（verstehen）ない（あなたの言うことがわからない）。

# 14 非人称の es

## 「雨降り」の es

ふつう es は中性の「もの」を受けます。しかし特定の「もの」を受けず，実質的な意味がないように見えるのに用いる es があります。これを非人称の es と呼びます。英語の *It rains.* の *it* のことです。

**基本のきほん**

**Es regnet heute.**　　(英 *It rains today.*)
英語の *it*。特定の名詞を受けない

今日雨が降る。

**In Australien gibt es Kängurus.**
*it gives...* という形で「…がある」という意味

オーストラリアにはカンガルーがいる。

## 14 非人称の es

### 1 非人称の es

**素朴なぎもん**
非人称の es って何のこと?

◆ **天候**や**気候**などの自然現象や**時刻**を表す場合に用いられ，特に何を受けているかが言えない代名詞 es のことを，**非人称の es** と呼びます。英語の it に相当します。

| | |
|---|---|
| **Es** regnet heute. | 今日雨が降る。|
| **Es** schneit jetzt. | 今雪が降っている。|
| Draußen ist **es** kalt. | 外は寒い。|
| Wie spät ist **es** jetzt? | 今何時ですか。|

☑ 英語に直訳すると How late is it now?

**Es** ist sieben Uhr zwölf. 7時12分です。

**Es** ist halb acht. 7時半です。

☑ おかしく見えるでしょうが，halb acht は7時半なのです。8時に向かって半分進んでいるという意味です。

**Es** ist Viertel vor acht / nach acht. 7時45分 / 8時15分です。
　　　　　　　　└ (英 quarter)

☑ vor は「前」，nach は「後」。

### 2 非人称 es を主語とする熟語的表現

**素朴なぎもん**
es gibt って何のこと?

◆ **Es gibt** ＋ 4格と **Es geht** ＋（人の）3格という熟語的表現は大変重要です。

① **Es gibt** ＋ 4格　～がある / いる　(英 there is / are ～)

> gibt は動詞 geben の3人称単数現在形です。つまり「(それが) 何かを [4格!] 与える」という意味から，「何かが存在する」という意味になるわけです。英語の there is / are 構文に相当します。

　　　　　　　┌ 男性4格だから einen
**Es gibt** nur **einen Gott**. 　　ただひとりの神が存在するだけだ。

## 14 非人称の es

**Es gibt** in diesem Land **keinen Winter**.
この国には冬がない。

Im Fluss **gibt es Fische**.
川には，魚がいる。

② **Es geht**＋(人の)3格　～の(健康)状態は…である

　　　　　　　　Sie の3格です
Wie **geht es Ihnen**?
(あなたは)お元気ですか。

— Danke, **es geht mir** gut. Und Ihnen?
— ありがとう，元気です。あなたはいかがですか。

ハイデルベルク城（Heidelberger Schloss）

# Übungen

**1** 次の文を日本語に訳しなさい。

1) Wie spät ist es jetzt? — Jetzt ist es schon elf.

2) Hier ist es immer kalt. Hier gibt es keinen Sommer.

3) Es wird bald Sommer. Dann schwimmen wir zusammen.

4) Wie lange dauert es mit dem Flugzeug von Japan nach Deutschland?

5) Du studierst in Bonn Germanistik. Gibt es in Bonn nur eine Universität?

6) Es ist halb zwölf. Bald gibt es Mittagessen. Was gibt es heute in der Mensa?

**2** 次の文をドイツ語に訳しなさい。

1) 今日，授業(Unterricht)はない(es gibtを使って)。

2) 春(Frühling)になり，暖かくなります。

3) 今，雪が降っている(schneien)。

4) 今は10時半です。

5) 君(親称)は元気ですか。

# 15 前置詞

## 格を決める支配者

英語では *with he* とは言わず *with him* が正しいですよね。それは前置詞の後には目的格が来るという規則があるからです。つまり前置詞が目的格を家来のように従えて「支配」しています。ドイツ語の場合には，その従え方，支配の仕方が４種類あるのです。

### 基本のきほん

CD 47

**Mein Freund kommt mit dem Auto zu mir.**

- mit は３格を従えるので dem Auto となる
- zu は３格を従えるので mir となる

私の友人は，車で私のところへ来る。

**Wir fahren am Sonntag in die Stadt.**

- an dem の縮約形。曜日は an を用いる（英 *on Sunday*）
- in は３格または４格を従える。ここでは「方向」を表すので４格を選ぶ

私たちは日曜日に町へ出かける。

## 15 前置詞

### 1 前置詞の格支配

**素朴なぎもん**
前置詞の格支配って何のこと？

◆ それぞれの前置詞によってその後に来る名詞・代名詞が何格になるのかが，決まっています。これを前置詞の**格支配**と呼びます。次の4つの種類があります。

☑ 辞書を見れば，前置詞が何格支配であるかが書いてあります。

① **3格支配の前置詞**：この前置詞の後には必ず3格が来ます。

| | | | |
|---|---|---|---|
| aus | ～[の中]から(英 *out of*) | bei | ～のところに(英 *at*) |
| mit | ～といっしょに(英 *with*) | nach | ～のほうへ／～の後で (英 *to, after*) |
| seit | ～以来(英 *since*) | | |
| zu | ～へ(英 *to*) | von | ～の／～から(英 *of, from*) |

など。

Peter geht **zu** seiner Freundin.　　ペーターはガールフレンドのところへ行く。

Komm **aus** dem Zimmer!　　部屋から出てきなさい。

② **4格支配の前置詞**：この前置詞の後には必ず4格が来ます。

| | | | |
|---|---|---|---|
| durch | ～を通って(英 *through*) | für | ～のために(英 *for*) |
| gegen | ～に対して(英 *against*) | ohne | ～なしで(英 *without*) |
| um | ～の周りで(英 *around*) | | |

など。

Wir gehen **durch** den Park.　　私たちは公園を通って行く。

Ich singe **für** dich ein Lied.　　私は君のために歌を歌う。

③ **3・4格支配の前置詞**：この前置詞の後には3格が来る場合と4格が来る場合とがあります。

| | | | |
|---|---|---|---|
| an | ～に接して(英 *at*) | auf | ～の上で・に(英 *on*) |
| hinter | ～の後で・に(英 *behind*) | in | ～の中で・に(英 *in*) |
| neben | ～の横で・に(英 *beside*) | unter | ～の下で・に(英 *under*) |
| über | ～の上方で・に(英 *over*) | vor | ～の前で・に(英 *before,* *in front of*) |
| zwischen | ～の間で・に(英 *between*) | | |

☑ 位置関係（上下，前後など）を表す9個の前置詞が，3・4格支配です。

## ⑮ 前置詞

(a) **動作の場所[位置]**（どこで？）を表すときは**3格**を，

　　Die Studenten arbeiten **in dem Zimmer**.（場所＝3格）
　　　　　　　　　　　　　　　学生たちは部屋の中で勉強している。

　　Die Katze schläft **auf dem Tisch**.（場所＝3格）
　　　　　　　　　　　　そのネコはテーブルの上で寝ている。

(b) **動作の方向**（どこへ？）を表すときは**4格**を用います。

　　Der Lehrer kommt **in das Zimmer**.（方向＝4格）
　　　　　　　　　　　　　教師が部屋の中へ入ってくる。

　　Ich lege das Buch **auf den Tisch**.（方向＝4格）
　　　　　　　　　　　　　私はその本をテーブルの上へ置く。

**素朴なぎもん**
3・4格支配の前置詞の使い分けは？

④ **2格支配の前置詞**：この前置詞の後には必ず2格が来ます。

| | |
|---|---|
| statt | 〜の代わりに（英 *instead of*） |
| trotz | 〜にもかかわらず（英 *in spite of*） |
| wegen | 〜のゆえに（英 *because of*） |
| während | 〜の間に（英 *during*）　など。 |

英語の対応例にある *of* は2格のイメージに近いですね。

　　**Statt des Vaters** kommt die Tochter.　父の代わりに娘が来る。

　　**Wegen der Krankheit** kommt Peter heute nicht.
　　　　　　　　　　　　　　病気のために，ペーターは今日来ない。

---

**Kleine Übungen　ミニ練習**　かっこ内の語を適切な形に変えて，下線部に書き入れましょう。

1) Ich fahre mit _____ (der) Bus zu _____ (die) Schule.
2) Ich gehe jetzt in _____ (das) Restaurant.
3) Kochen Sie nach _____ (das) Essen Kaffee!
4) Während _____ (die) Sitzung ist das Rauchen verboten.
5) Maria steht vor _____ (der) Spiegel.

## 15 前置詞

### 2 動詞，形容詞と組み合わされる前置詞

CD 49

**素朴なぎもん**
ドイツ語にも，wait for ～のような表現はあるの？

◆ ドイツ語にも，英語の wait for ～のように，動詞が特定の前置詞と一緒に使われる用法があります。

Vor dem Haus **warte** ich **auf** Sie. 　家の前で私はあなたを待つ。

☑ このような場合，前置詞には「上」とか「後」という具体的な意味はほとんどなく，抽象的な意味になっています。

**Wörterbuch** 独和辞典の使い方 ▪▪▪▪▪▪▪▪▪▪▪▪▪▪▪▪▪▪▪▪▪▪▪▪▪▪▪

辞書で warten を引いてみましょう。次のように書かれているはずです。つまり warten は auf ＋（人を表す）4 格と一緒に使います。

　auf j⁴ warten　～のことを待つ

(j⁴ という記号については⇒ 42 ページ)

▪▪▪▪▪▪▪▪▪▪▪▪▪▪▪▪▪▪▪▪▪▪▪▪▪▪▪▪▪▪▪▪▪▪▪▪▪▪▪▪▪▪

☑ 動詞を代表させる不定詞句は，このように動詞を最後に置いて示します（⇒ 82 ページ）。

Der Sohn **bittet** seinen Vater **um** Geld.
　　　　　　　　　　　　　　息子は父にお金をくれるように頼む。

　jn⁴ um et.⁴ bitten　…に～のことを頼む

◆ 形容詞でも特定の前置詞と共に用いられるものがあります。

Die Mutter ist **stolz auf** ihren Sohn.
　　　　　　　　　　　母は息子のことを誇りにしている。

　stolz auf j⁴ sein　～のことを誇りにしている

**Kleine Übungen** ミニ練習　かっこ内の語を適切な形に変えて，下線部に書き入れ，日本語に訳しましょう。

1) Warten Sie bitte hier auf _____ (er)!
2) Ich bin mit _____ (mein) Referat zufrieden.
3) Ich danke dir für _____ (deine) Freundlichkeit.

## 3 前置詞と定冠詞との融合形

◆ an dem が am，zu der が zur というように，**前置詞と定冠詞とが融合**して一語となった語形があります。

> an dem ⇒ **am**　　in dem ⇒ **im**
> von dem ⇒ **vom**　zu dem ⇒ **zum**
> zu der ⇒ **zur**　　in das ⇒ **ins**　　など。

**素朴なぎもん**
amとかimとかzurとかも，前置詞なの？

Sie geht **zum** Arzt.　　　　　　　　　　彼女は医者に行く。

融合形では，定冠詞に「その」という指示する意味はほぼなくなっています。
Sie geht zu dem Arzt. だと，「彼女はその医者に行く」という意味になります。

Heute gehe ich nicht **zur** Schule.　今日は，学校に行きません。

**Im** August fliege ich nach Deutschland.
　　　　　　　　　　　　　　　　8月に私はドイツへ飛行機で行く。

**Am** Samstag gehe ich **ins** Theater.
　　　　　　　　　　　　　　　　土曜日に私は芝居を見に行きます。

☑ 月は im，曜日は am を用います。

ゲッティンゲン（Göttingen）のケーキ屋さんのショーウィンドー

## 15 前置詞

### すこし詳しい目の +α 情報

### 前置詞と人称代名詞との融合形

● 前置詞は，**事物を受ける人称代名詞**と一緒に用いる場合は，融合して damit, davon, darauf のような形を作ります。

**da(r) + 前置詞**

> 前置詞が母音で始まるときには dar- のように r を入れます。

> Auf ihm とは言わずに！

Am Fenster steht ein Tisch. **Darauf** sitzt meine Katze.
窓ぎわにテーブルがある。その上に私のネコが座っている。

> Mit ihm とは言わずに！

Das ist mein Auto. **Damit** fahre ich in die Stadt.
これは私の車です。この車で私は町に行きます。

### 前置詞と was との融合形

● 前置詞と was（何）という疑問代名詞は融合して，womit, wovon, worauf のような形を作ります。

**wo(r) + 前置詞**

> 前置詞が母音で始まるときには wor- のように r を入れます。

**Womit** fahren Sie nach Köln? ― Ich fahre mit meinem Auto.
何でケルンへ行きますか。――私の車で行きます。

**Worauf** sitzt die Katze? ― Sie sitzt auf dem Sofa.
何の上にネコが座っていますか。――ソファーの上です。

## Übungen

**1** かっこ内の語を適切な形にして，下線部に書き入れなさい。

1) Wo ist mein Schlüssel?  — Dein Schlüssel ist in ＿＿＿＿＿＿＿＿ (die Tasche).

2) Geht ihr ohne ＿＿＿＿ (ich) in ＿＿＿＿＿＿＿＿ (das Kino)?

3) Ich fahre mit ＿＿＿＿＿＿＿＿ (der Zug) nach München.

4) Trotz ＿＿＿＿＿＿＿＿ (der Regen) fahren wir heute an ＿＿＿＿＿＿＿＿ (die See).

5) Thomas wohnt seit ＿＿＿＿＿＿＿＿ (ein Monat) bei ＿＿＿＿＿＿＿＿ (sein Onkel).

6) Legen Sie das Buch auf ＿＿＿＿＿＿＿＿ (der Tisch)!

7) Die Mutter steht hinter ＿＿＿＿＿＿＿＿ (die Tür).

8) Ich danke Ihnen für ＿＿＿＿＿＿＿＿ (Ihre Hilfe).

**2** 次の文をドイツ語に訳しなさい。

1) 学生たちが劇場(Theater)から出てくる。

2) 彼は今，バス(Bus)を待っています。

3) これはペーターの携帯電話(Handy)です。これを使って(mit)，彼はいつも(immer)彼女と電話をして(telefonieren)います。

# 16 再帰動詞

## なぜか回りくどく言う動詞

ここで話が動詞に戻ります。「喜ぶ」とか「思い出す」とかいうことをドイツ人は回りくどく「自らを喜ばせる」とか「自らに思い出させる」と表現します。行為が他人ではなく「自ら」に再び帰って来るので再帰動詞と言います。この種の表現がドイツ語にはたくさんあります。

### 基本のきほん

**Ich freue mich über das Geschenk.**

「私（自身）を喜ばせる」で「喜ぶ」という意味になる

「喜ぶ」対象は über で表現する

私は、プレゼントのことが嬉しい。

**Peter interessiert sich für Chinesisch.**

「自分に興味を起こさせる」で「興味を持つ」という意味になる

「興味を持つ」対象は für で表現する

ペーターは、中国語に興味がある。

## 16 再帰動詞

### 1 再帰代名詞

◆ 「〜自ら，自身」（英 *oneself*）を表す代名詞を「**再帰代名詞**」と呼びます。

◆ 再帰代名詞は，3人称すべてと2人称敬称（Sie）で sich となります。それ以外では人称代名詞（⇒ 62 ページ）と同じです。

|  |  | 3格 | 4格 |  | 3格 | 4格 |
|---|---|---|---|---|---|---|
| 1人称 | ich | mir | mich | wir | uns | uns |
| 2人称(親称) | du | dir | dich | ihr | euch | euch |
| 3人称 | er / es / sie | **sich** | **sich** | sie | **sich** | **sich** |
| 2人称(敬称) | Sie | **sich** | **sich** | Sie | **sich** | **sich** |

Sie sprechen über **sich**.
　　　　　あなた（たち）はあなた（たち）自身について語る。

Peter spricht über **sich**.　　ペーターは彼自身について語る。

Ich spreche über **mich**.　　私は私自身について語る。

Wir sprechen über **uns**.　　私たちは私たち自身について語る。

\* über j⁴ sprechen　〜について語る

**素朴なぎもん**
「自分自身」(*oneself*) はどう言うの？

### 2 再帰動詞

◆ 再帰代名詞「〜自ら，自身」と一緒になってひとまとまりの意味となる動詞のことを，再帰動詞と呼びます。行為が他人ではなく「自ら」に再び帰って来る動詞です。

◆ 例えば freuen は「喜ばせる」という動詞ですが，これに再帰代名詞が結び付いて「自らを喜ばせる」，つまりは「喜ぶ」という意味になります。

Ich freue **mich**.　　私は喜ぶ。⇐ 私は私自身を喜ばせる。

**素朴なぎもん**
再帰動詞って何のこと？

## 16 再帰動詞

**素朴なぎもん**
再帰動詞はどんなふうに語形変化するの?

◆「喜ぶ」を人称変化させると次のようになります。

|  | 単数 | 複数 |
|---|---|---|
| 1人称 | ich freue mich | wir freuen uns |
| 2人称 | du freust dich | ihr freut euch |
| 3人称 | er freut sich | sie freuen sich |

◆ 不定詞は **sich⁴ freuen** のように書きます。
（再帰代名詞として sich を代表させます。）

**Kleine Übungen　ミニ練習**　次の再帰動詞を，ich, du, er, wir, ihr, sie の順に現在人称変化させましょう。

1) sich⁴ interessieren　興味を持つ
2) sich⁴ erinnern　思い出す

◆ 再帰動詞は次の例のように，**決まった前置詞と用いる**ものが多いです。

> 熟語のようにひとまとまりで覚えておきましょう。

| | |
|---|---|
| sich⁴ **über** et.⁴ freuen | ～のことを喜ぶ |
| sich⁴ **auf** et.⁴ freuen | ～のことを楽しみにする |
| sich⁴ **für** et.⁴ interessieren | ～に興味を持つ |
| sich⁴ **an** et.⁴ erinnern | ～を思い出す |

Ich freue mich **über** deinen Erfolg.　　私は君の成功が嬉しい。

Peter interessiert sich **für** Musik.
　　　　　　　　　　　　　　　　ペーターは音楽に興味を持っている。

## 16 再帰動詞

**すこし詳しい目の +α 情報**

### ３格の再帰代名詞を用いる再帰動詞

- 再帰動詞は４格の再帰代名詞と共に使うものが圧倒的に多いですが，３格の再帰代名詞と使うものもあります。

> sich³ et.⁴ merken 　　〜を覚えておく
> sich³ et.⁴ überlegen 　〜をよく考えてみる
> sich³ et.⁴ erlauben 　　〜を敢えてする

- それぞれ本来，「自分に〜を覚える」，「自分に〜を考える」，「自分に〜を許す」と言っていることになります。

　　　　　　　　　　　　　　　（日本語の感覚では「自分に」は要りませんね。）

- sich³ et.⁴ merken を人称変化させると，次のようになります。

> ich merke **mir** et.⁴ 　　wir merken **uns** et.⁴
> du merkst **dir** et.⁴ 　　ihr merkt **euch** et.⁴
> er merkt **sich** et.⁴ 　　sie merken **sich** et.⁴

　Ich merke **mir** deine E-Mail-Adresse.
　　　　　　　　　　　　私は君のEメールアドレスを覚えておく。

### 再帰代名詞の相互的用法

- 再帰代名詞が「自ら」ではなくて「お互いに」という意味を表す場合があります。

　Peter und Maria lieben **sich**. 　　　ペーターとマリアは愛し合っている。
　Wir kennen **uns** schon seit zehn Jahren.
　　　　　　　　　　　　われわれはすでに10年前から知り合いだ。

# Übungen

**1** 次の文の主語をかっこ内のものに変え，全文を書きなさい．

1) Sie erinnern sich an die Heimat. (du)

2) Peter freut sich auf die Reise. (ich)

3) Ich erkälte mich oft. (wir)

**2** 次の文を日本語に訳しなさい．

1) Setzen Sie sich auf den Stuhl!

2) Maria ärgert sich über den Kellner. Er ist sehr unfreundlich.

3) Treffen wir uns hier um vier Uhr wieder!

4) Jetzt beschäftige ich mich mit dieser Arbeit.

5) Fühlen Sie sich nicht wohl? — Nein, ich fühle mich nicht wohl.

6) Die Gäste begrüßen sich freundlich.

**3** 次の文をドイツ語に訳しなさい．

1) 私は彼女の訪問（Besuch）を喜んでいる。

2) 子供たちはクリスマス（Weihnachten）を楽しみにしている。

3) 私の祖母は，よく（oft）戦争（Krieg）のことを思い出す。

4) 私は天文学（Astronomie）に興味を持っている。

# 17 不定詞句・zu 不定詞句

🔑 日本語と同じ語順で，ちょっと得した気分

> ドイツ語の zu 不定詞句（英語の to 不定詞句に相当）では動詞がいちばん最後に来るため，英語と比べると語順が大きく異なります。しかし実は，日本語の語順と同じなので，われわれ日本人にはむしろわかりやすい語順なのです。ちょっと得した気分ですね。

## 基本のきほん

CD 54

Mein Wunsch ist,
einmal nach Deutschland zu fahren.
　　一度　　　　　ドイツへ　　　　　行くこと

ちょうど日本語と同じ語順！

私の願いは，一度ドイツへ行くことです。

## 17 不定詞句・zu 不定詞句

### 1 不定詞句の語順

**素朴なぎもん**
不定詞句の語順は？

◆ ドイツ語の**不定詞句**では**動詞が最後**に来ます。そのため、日本語と同様の語順になります。

「①今日 ②車で ③町へ ④**行く**」という不定詞句をドイツ語と英語とで比較してみます。

ドイツ語　heute mit dem Auto in die Stadt fahren
　　　　　　①今日　②車で　　　③町へ　　④行く

英語　　　go to the city by car today
　　　　　④　③　　　②　①

> 英語はまったく逆ですね。

☑ 不定詞句の作り方は、このあと特に分離動詞（⇒ 22 課）を理解するのにも大変重要になりますので、今のうちに慣れておきましょう。

**Kleine Übungen　ミニ練習**　不定詞句を作りましょう。

1) ここでテニスをする
2) 図書館（Bibliothek）でこの本を読む
3) 一生懸命にドイツ語を学ぶ

### 2 zu 不定詞句の用法

CD 55

◆ 英語の「to 不定詞句」をドイツ語では「**zu 不定詞句**」といいます。

◆ **zu 不定詞句**では不定詞句と同様に**動詞が最後**に来て、日本語の語順に似ています。

heute mit dem Auto in die Stadt **zu fahren**
①　　　②　　　　　③　　　　　④

今日車で町へ行くこと

> zu は動詞の直前に置きます。

**素朴なぎもん**
zu 不定詞句の用法は英語と同じ？

◆ zu 不定詞句には、英語と同じく名詞的用法、形容詞的用法、副詞的用法があります。

☑ zu 不定詞句はコンマで区切るのが一般的です。

## 17 不定詞句・zu 不定詞句

① **名詞的用法：「～すること」**

Mein Wunsch ist, einmal nach Deutschland **zu fahren**.
　　　　　　　　　私の願いは，一度ドイツへ行くことです。

Es ist schwierig, eine Fremdsprache **zu lernen**.
　　　　　　　　　外国語を学ぶことは，難しい。

✓　英語の *it is ... to* に相当します。

② **形容詞的用法：直前の名詞を修飾します。**

Hast du Lust, mit mir **zu tanzen**?
　　　　　　　　　私と一緒にダンスをする気はありますか。

③ **副詞的用法：**

**um ... zu 不定詞：「～するために」** (英 [*in order*] *to* 不定詞)

Wir fahren nach Deutschland, **um** Deutsch **zu lernen**.
　　　　　　　　　私たちは，ドイツ語を勉強するためにドイツへ行く。

✓　目的を表す場合には，um を zu 不定詞句の先頭に必ず置きます。
　　　um は英語の *in order* に相当すると考えておきましょう。

**ohne ... zu 不定詞：「～することなしに」** (英 *without ～ing*)

Peter geht aus dem Zimmer, **ohne** ein Wort **zu sagen**.
　　　　　　　　　ペーターは，一言も言わずに，部屋を出る。

> **素朴なぎもん**
> um ... zu の um は絶対に必要なの？

---

### すこし詳しい目の ＋α 情報

**haben ＋ zu 不定詞と sein ＋ zu 不定詞**

① haben ＋ zu 不定詞句で，「～せねばならない」という意味になります。
　（英語の *have to* 不定詞と同じです。）　〔zu 不定詞ですから動詞が最後に来ます。〕
　　　Ich **habe** hier noch lange **zu** warten.
　　　　　　　　　ここで私はまだ長い間待たねばなりません。

② sein ＋ zu 不定詞句で，「～されねばならない」（受動の義務）または「～されることができる」（受動の可能）という意味になります。
　（英語の *be to* 不定詞と比べると用法が狭いと言えます。）

　　　Dieses Buch **ist** sofort **zu** bestellen. この本はただちに注文されねばならない。
　　　Der Wunsch **ist** nicht **zu** erfüllen. 　　　　　　　　　　　　願いは叶えられない。

# Übungen

**1** かっこ内の語を適切に並べて zu 不定詞句を作りなさい。

1) Es ist mein Traum, _____.
   (studieren, in Wien, Musik, zu)
   ウィーンで音楽を勉強するのは，私の夢です。

2) Ich habe keine Zeit, _____.
   (ins Kino, gehen, mit dir, zu)
   私には，君と一緒に映画へ行く時間はありません。

3) Peter bittet mich, _____.
   (dieses Buch, leihen, ihm, zu)
   ペーターは，この本を彼に貸すことを私に頼む。

4) Ich arbeite heute fleißig, _____.
   (bestehen, um, die Prüfung, zu)
   私は今日，試験に合格するために一生懸命勉強する。

5) Wir versuchen, _____.
   (erreichen, heute noch, ihn, telefonisch, zu)
   私たちは，彼に今日中に電話で連絡をとるよう試みる。

**2** 次の文をドイツ語に訳しなさい。

1) この本を理解する(verstehen)ことは，簡単(einfach)だ。

2) 私たちには，あなた(敬称)と一緒に旅をする(reisen)時間がありません。

3) この夏彼は，フランス語(Französisch)を学ぶためにパリ(Paris)へ行く。

# 18 動詞の3基本形

## 規則動詞は「手で get する」

今までは動詞と言えば現在形でしたが，これからは過去形，完了形，未来形，受動態などを習っていきます。これらの新しい形はどれも動詞の3つの基本形をもとにして作ります。この3基本形は，規則動詞と不規則動詞とで作り方が異なります。

### 基本のきほん

- 規則動詞では，過去基本形が 語幹–te，過去分詞が ge–語幹–t

| 不定詞 | 過去基本形 | 過去分詞 |
|---|---|---|
| spielen | spielte | gespielt |

規則動詞は -te で get する（手で get する）と覚える！

- 不規則動詞では，さまざまに語形が変わります

| 不定詞 | 過去基本形 | 過去分詞 |
|---|---|---|
| gehen | ging | gegangen |
| kommen | kam | gekommen |

不規則動詞は個別に覚えるほかないです

## 18 動詞の3基本形

### 1 規則動詞の3基本形

◆ **不定詞**，**過去基本形**，**過去分詞**が動詞の「3基本形」と呼ばれます。これらが，動詞の変化の基本となります。

**素朴なぎもん**
規則動詞の3基本形はどんな形？

◆ **規則動詞**では，**過去基本形**は語幹の後ろに **–te** を付け，**過去分詞**は語幹を **ge–** と **–t** で挟んで作ります（英語では *-ed*, *-ed* でした）。

| 不定詞 | 過去基本形 | 過去分詞 |
|---|---|---|
| 語幹-en | 語幹-te | ge-語幹-t |
| spiel-en | spiel-te | ge-spiel-t |
| arbeit-en | arbeit-ete | ge-arbeit-et |

「規則動詞は手で *get* する」と覚えるとよい。

☑ 語幹が -t, -d などで終わる動詞には，発音しやすさのために，口調の e を添えます。

**Kleine Übungen** ミニ練習　規則動詞の過去基本形と過去分詞を書きましょう。

1) fragen　2) kaufen　3) warten

### 2 不規則動詞の3基本形

**素朴なぎもん**
不規則動詞の3基本形はどんな形？

◆ 不規則動詞の場合，過去基本形と過去分詞の形はさまざまです。英語で *go - went - gone*, *come - came - come* と覚えたように，何度も口で言って覚えましょう。不規則動詞は，辞書の見出し語では右肩に * 印が付いています。

| 不定詞 | 過去基本形 | 過去分詞 |
|---|---|---|
| gehen* | ging | gegangen |
| kommen* | kam | gekommen |
| bringen* | brachte | gebracht |

☑ 過去分詞に ge– が付くのは規則動詞と同じです。

**Kleine Übungen** ミニ練習　過去基本形と過去分詞を書きましょう。

1) sehen*　2) kennen*　3) trinken*

## 3　sein, haben, werden の３基本形

◆ 次の動詞は大変よく使いますから，**必ず覚えておきましょう**。 🎧 CD 57

| 不定形 | 過去基本形 | 過去分詞 |
|---|---|---|
| sein* | war | gewesen |
| haben* | hatte | gehabt |
| werden* | wurde | geworden |

**素朴なぎもん**
絶対に覚えるべき不規則動詞は何？

## 4　過去分詞に ge- を付けない動詞

◆ 次のような動詞の場合には**過去分詞に ge- が付きません**。

**素朴なぎもん**
過去分詞にはいつでも ge- が付くの？

① **be-，er-，ver-** などで始まる動詞（⇒非分離動詞，111ページ）

bekommen* 受け取る　－　bekam　－　**bekommen**
（参照：kommen* – kam – **ge**kommen）

× begekommen ではない。

erlernen 習得する　　　－　erlernte　－　**erlernt**
（参照：lernen – lernte – **ge**lernt）

verbringen* 過ごす　　－　verbrachte　－　**verbracht**
（参照：bringen* – brachte – **ge**bracht）

② **-ieren** で終わる動詞（すべて規則動詞です）

studieren － studierte － **studiert**

× ge-studiert ではない。

☑ アクセントは -ier- の部分にあります。

**Kleine Übungen** ミニ練習　過去基本形と過去分詞を書きましょう。

1) versprechen*　約束する
2) besuchen　訪れる
3) diskutieren　議論する

# Übungen

**1** 次の動詞の3基本形を書きなさい。

|  | 現在形 | 過去基本形 | 過去分詞 |
|---|---|---|---|
| 1) | leben　生きる | _____ | _____ |
| 2) | erleben　体験する | _____ | _____ |
| 3) | lassen*　させる | _____ | _____ |
| 4) | verlassen*　去る | _____ | _____ |
| 5) | sagen　言う | _____ | _____ |
| 6) | lesen*　読む | _____ | _____ |
| 7) | suchen　探す | _____ | _____ |
| 8) | besuchen　訪れる | _____ | _____ |
| 9) | schreiben*　書く | _____ | _____ |
| 10) | singen*　歌う | _____ | _____ |
| 11) | sehen*　会う，見える | _____ | _____ |
| 12) | bestellen　注文する | _____ | _____ |
| 13) | schlafen*　眠る | _____ | _____ |
| 14) | bleiben*　とどまる | _____ | _____ |
| 15) | freuen　喜ばせる | _____ | _____ |

# 19 過去人称変化

🔑 過去形でも尾っぽが付くんだ

動詞の3基本形のうち2つ目が，過去基本形でしたね。この過去基本形に，現在形の場合とよく似た語尾を付けることで，実際の過去形ができます。

**基本のきほん**

🎧 CD 58

**Damals spielten wir oft zusammen.**

spielte までが過去基本形で，-n は wir に対する人称変化語尾

そのころ私たちはよくいっしょに遊んだ。

**Du warst lang im Krankenhaus.**

war までが過去基本形で，-st は du に対する人称変化語尾

君は長い間病院に入っていた。

# ⑲ 過去人称変化

## 1 過去形人称変化

**素朴なぎもん**
過去形の作り方は？

◆ 動詞を過去形で用いるときには，**過去基本形に語尾**を付けねばなりません。ただし，**ich** と **er** が主語のときには語尾を付けません。

| 不定詞 | spielen | haben | kommen | sein |
|---|---|---|---|---|
| 過去基本形 | spielte | hatte | kam | war |
| ich －■ | spielte | hatte | kam | war |
| du －st | spiel**test** | hat**test** | kam**st** | war**st** |
| er －■ | spielte | hatte | kam | war |
| wir －(e)n | spiel**ten** | hat**ten** | kam**en** | war**en** |
| ihr －t | spiel**tet** | hat**tet** | kam**t** | war**t** |
| sie －(e)n | spiel**ten** | hat**ten** | kam**en** | war**en** |

☑ wir と sie とでは，過去基本形の最後が -e であるときは語尾 -n を，-e のないときは語尾 -en を付けます。

**Kleine Übungen ミニ練習**
次の動詞を ich, du, er, wir, ihr, sie の順に過去人称変化させてみましょう。

1) sagen
2) lernen
3) werden

## 2 過去形の用法

🎧 CD 59

**素朴なぎもん**
どんなときに過去形が使われるの？

◆ 現在とは切り離した形で過去の出来事を**物語**ったり，**回想**したりするときに過去形が用いられます。

Damals **war** ich noch jung und **hatte** einen großen Traum.

当時私はまだ若くて，大きな夢を持っていました。

Es **war** einmal ein König in einem Land. Der König **suchte** den Ring der Unsterblichkeit.

むかしある国に王様がいました。その王様は不死の指輪を探していました。

## 19 過去人称変化

☑ „Es war einmal ..." というのは，グリム童話のような昔話によく出てくる物語の冒頭に用いられる「むかしむかしあるところに，…がいました」という表現です。

◆ sein, haben, 話法の助動詞（英語の *can* や *must* に当たるもの⇒100ページ）では過去形がよく使われます。

  Ich **war** lange krank.     私は長い間病気だった。

  Wir **hatten** gestern Fieber.    私たちは昨日熱があった。

  **Konnten** Sie Peter sehen?    ペーターに会えましたか。

◆ 上記以外では，過去のことを表すのには，このあとで習う現在完了形(⇒第20課)の方が通常よく用いられます。

ヨハン・シュトラウス（Johann Strauß）像
ウィーン（Wien）

# Übungen

**1** かっこ内の動詞を過去形にしなさい。

1) Früher _____ (haben) ich viel Zeit, aber jetzt habe ich wenig Zeit.

2) Damals _____ (sein) wir noch jung.

3) Die Berliner Mauer _____ (bauen) man* 1961.
   * man は「人は」という意味で er と同じ3人称単数扱い

4) In diesem Haus _____ (schreiben) Goethe dieses Gedicht.

5) Wo _____ (sein) du gestern?


**2** 次の文を日本語に訳しなさい。

1) Damals sangen die Beatles in Hamburg.

2) Gestern starb der Großvater meiner Freundin. Sie war sehr traurig.

3) Eines Tages erschien plötzlich Momo im Amphitheater vor der Stadt. Bald hatte Momo viele Freunde. Die Kinder kamen täglich zu ihr. Mit einer Schildkröte und Meister Hora versuchte Momo, die Zeit zu stoppen... *(Momo)*

   * eines Tages「ある日のこと」（2格が副詞として働くことがある）
   　Amphitheater「円形劇場」
   　Meister Hora「マイスター・ホラ（ホラ先生）」

4) Es war einmal ein Mädchen. Eines Tages sprach die Mutter zu ihr: „Komm, Rotkäppchen, da hast du ein Stück Kuchen und eine Flasche Wein, bring das der Großmutter." Die Großmutter aber wohnte im Wald. Rotkäppchen kam in den Wald... *(Grimm)*

   * Rotkäppchen「赤ずきん」, da hast du ...「さあここに…がある」

# 20 現在完了形

### 🔑 「持つ」完了形と,「ある」完了形

> 完了形を作るというと,英語の have + pp（過去分詞）を思い出しますね。でもドイツ語では,have 動詞だけでなく,be 動詞を使う場合もあるのです。それと,pp は大切なのでいちばん最後に置くのがドイツ語っぽいところです。

### 基本のきほん

**CD 60**

**Ich habe hier Peter gesehen.**

- sehen「会う」は他動詞なので,haben を用いる
- 過去分詞 gesehen は文末に！

私はここでペーターに会った。

**Ich bin gestern zu Peter gegangen.**

- gehen「行く」は場所の移動を表す自動詞なので,sein を用いる
- 過去分詞 gegangen は文末に！

私は昨日ペーターのところへ行った。

## 20 現在完了形

### 1 完了形の作り方

**素朴なぎもん**
現在完了形はどんなふうにして作るの？

◆ 現在完了形は，**haben** または **sein** ＋ 過去分詞 という組み合わせで作ります。過去分詞 は重要なので**文末**に置かれます。

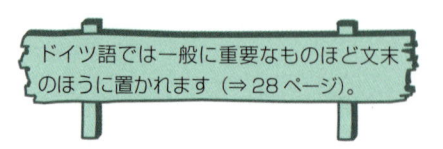

```
              haben の現在形
現在完了形 ＝   または      ＋ ... ＋ 過去分詞 （文末）
              sein の現在形
                        ワク構造
```

> ドイツ語では一般に重要なものほど文末のほうに置かれます（⇒ 28 ページ）。

Ich **habe** hier Peter gesehen .   私はここでペーターに会った。
　⇐ Ich sehe hier Peter.           私はここでペーターに会う。

Ich **bin** zu Peter gegangen .     私はペーターのところへ行った。
　⇐ Ich gehe zu Peter.             私はペーターのところへ行く。

このように左の haben, sein と，右の過去分詞とでフレーム（ワク）を作るように見えるので，**ワク構造**と呼びます。

**素朴なぎもん**
ドイツ語では過去のことを現在完了形で言うの？

◆ （前の課でも言いましたが，）ドイツ語では過去の出来事を表す場合に，過去形ではなく現在完了形を用いることが普通です。

　　Gestern **habe** ich Tennis gespielt . 昨日，私はテニスをした。

✓ 英語の現在完了形の場合とは違い，例えば「昨日」という過去を表すことばが入っていても現在完了形で表現します。

---

**Kleine Übungen** ミニ練習　次の文を現在完了形に変えてみましょう（haben を用います）。

1) Wir schenken unserer Mutter Blumen.
2) Ich lese das Buch.

## 2 haben 支配と sein 支配との使い分け

◆ 完了形には haben を使う場合と，sein を使う場合とがあります。haben で完了形を作る動詞を **haben 支配**，sein で完了形を作る動詞を **sein 支配**の動詞と呼びます。使い分けを一覧表の形で示すと次のようになります。

> **素朴なぎもん**
> 完了形のhabenとseinの使い分けは？

| 自動詞 | ①**場所の移動**を表すもの<br>②**状態の変化**を表すもの<br>③ sein と bleiben | sein 支配 |
|---|---|---|
| | 上記以外の自動詞 | haben 支配 |
| 他動詞 | すべて | haben 支配 |

<**自動詞と他動詞の区別**>
自動詞と他動詞の区別は簡単にできます。ドイツ語では４格目的語と一緒に使う動詞が他動詞で，それ以外は自動詞です。例えば lesen は Ich lese das Buch. のように４格をとりますから他動詞です。Ich wohne in Tokio. は４格目的語がないので自動詞です。helfen は Er hilft mir. のように３格目的語と使うので自動詞ですが，上の①〜③にあてはまらないので haben 支配です。Er hat mir geholfen. となります。

> **素朴なぎもん**
> 自動詞と他動詞はどう区別すればいいの？

## 3 sein 支配の動詞

🎧 CD 62

◆ 次の動詞が sein 支配です。

① **場所の移動**を表す自動詞：gehen, kommen, fahren など

　　Ich **bin** zu Peter　**gegangen**　.　　私はペーターのところへ行った。

② **状態の変化**を表す自動詞：werden, sterben など

　　Ich **bin** krank　**geworden**　.　　　私は病気になった。

③ sein（〜である）と bleiben（〜とどまる）

　　Ich **bin** in Japan　**geblieben**　.　　私は日本にとどまった。

95

## 20 現在完了形

**Wörterbuch 独和辞典の使い方**

辞書では sein 支配は (s) または 完了 sein のように表記されています。

**Kleine Übungen　ミニ練習**　次の文を現在完了形に変えてみましょう。

1) Mein Vater kommt nach Tokio.
2) Ich werde plötzlich krank.
3) Wir bleiben heute zu Haus.
4) Sind Sie in Frankreich?

### 4　haben 支配の動詞

CD 63

◆ 次の動詞が haben 支配です。

① 場所の移動または状態の変化を表す自動詞，および sein と bleiben（前ページの ① ～ ③ ）**以外の自動詞**

　　Ich **habe** acht Stunden geschlafen .

　　　　　　　　　　　　　　　　　　　私は8時間寝た。

② **他動詞（4格の目的語を使う動詞）のすべて**

　　Ich **habe** meinen Onkel besucht .　　私はおじを訪れた。

　　Peter **hat** mir die Stadt gezeigt .

　　　　　　　　　　　　　ペーターは私に町を見せてくれた（案内してくれた）。

**素朴なぎもん**
なぜ sein で完了形を作ることがあるの？

＜ sein と haben とを使い分ける理由＞

「である」だから sein 支配で，「持つ」だから haben 支配だと考えていいのです。本来，例えば Peter ist nach Japan gekommen. では「ペーターは日本へ来た者である」という意味で，Peter hat das Buch gelesen. は「ペーターは，その本を読まれたものとして持つ。」という意味です。haben は持つだから，haben 支配は4格目的語をとる他動詞と相性がよいわけです。

## 過去完了形

**すこし詳しい目の +α 情報**

- ドイツ語にも過去完了形があります。過去のある時点までにすでに完了していたことを述べるときに，過去完了形を用います。haben または sein を過去形にすれば，できあがります。

　　　Bis 1990 hatte ich schon zweimal Kioto besucht.
　　　　　　　　　　　　　　　1990 年までに私は２度京都を訪れていた。

　　　Vor dem Studium war ich in Heidelberg gewesen.
　　　　　　　　　大学で勉強する前に，私はハイデルベルクにいたことがあった。

**素朴なぎもん**
ドイツ語にも過去完了形はあるの？

北ドイツの町ハノーファー（Hannover）の木組みの家

# Übungen

**1** 次の文を現在完了形にしなさい。

1) Was machst du denn?

2) Maria fährt nach Hamburg.

3) Kaufen Sie schon ein Auto?

4) Isst du schon zu Mittag?

5) Ich bin schon einmal in Belgien.

6) Mein Bruder verliert seinen Pass.

7) Meine Mutter freut sich über das Geschenk.

8) Peter bleibt am Wochenende zu Haus.

**2** 次の文をドイツ語（現在完了形）に訳しなさい。

1) 私はミュンヘンで法学（Jura）を勉強（専攻）した。

2) あなた（敬称）はいつ日本へ来たのですか。

3) 彼は彼の鍵（Schlüssel）を見つけ（finden）た。

4) 私たちはあなた（敬称）を二時間（Stunde）待ちました。

# 21 話法の助動詞と未来形

## さまざまな判断を表すことば

「〜ねばならない」,「〜かもしれない」のように話し手が何かについて判断を下す助動詞のことを,話法の助動詞と呼びます。不定詞が文末に来ます。未来形もこれらと構文が似ています。

### 基本のきほん

CD 64

英語の *must* / 不定詞を文末に！

**Peter muss heute fleißig arbeiten.**

ペーターは今日一生懸命に勉強しないといけない。

不定詞を文末に！

**Peter muss heute krank sein.**

ペーターは，今日病気であるにちがいない。

未来形をつくる werden（もともと「〜になる」という意味） / 不定詞を文末に！

**Peter wird jetzt schon in Köln sein.**

ペーターは今はもうケルンにいるでしょう。

## 21 話法の助動詞と未来形

### 1 話法の助動詞の現在形

CD 65

**素朴なぎもん**
「話法」の助動詞って何のこと？

◆ 「～ねばならない」とか「～かもしれない」のように，話し手が判断を下す助動詞を「**話法の助動詞**」と呼びます。**判断をして話す方法**のことと思っておいて下さい。英文法でいう直接話法，間接話法とは関係がありません。

◆ 話法の助動詞は6つあります。

| | |
|---|---|
| können | できる，あり得る（英 can） |
| müssen | ねばならない，ちがいない（英 must） |
| dürfen | してもよい（英 許可の意味の may） |
| mögen | かもしれない（英 推測の意味の may） |
| wollen | したい（英 want to） |
| sollen | するべきだ（英 should） |

**素朴なぎもん**
話法の助動詞の語形変化の特徴は？

◆ 話法の助動詞の現在形は，次のように変化します。

話法の助動詞の現在形

| | können | müssen | dürfen | mögen | wollen | sollen |
|---|---|---|---|---|---|---|
| ich | kann | muss | darf | mag | will | soll |
| du | kannst | musst | darfst | magst | willst | sollst |
| er | kann | muss | darf | mag | will | soll |
| wir | können | müssen | dürfen | mögen | wollen | sollen |
| ihr | könnt | müsst | dürft | mögt | wollt | sollt |
| sie | können | müssen | dürfen | mögen | wollen | sollen |

☑ 単数（ich, du, er）で幹母音が不定詞の母音と異なります（sollenを除く）。

☑ ich と er の変化が同じで，語尾が付きません。

### 2 話法の助動詞の用い方

CD 66

◆ 話法の助動詞を用いると，**不定詞**を**文末**に置かなければなりません。

## 21 話法の助動詞と未来形

> 話法の助動詞 + ... + 不定詞(文末)
> └─ワク構造─┘

Peter **muss** heute fleißig arbeiten .
　　　　　　　　　　　　　　　　不定詞
　　　　　　　　ペーターは今日一生懸命に働かねばならない。

英語では *must* などの助動詞は，動詞の**原形**と一緒に用いられます。
　Peter **works** hard today. ⇒ Peter must **work** hard today.
　　　　　　　　　　　　　　　　　　　　　　原形
英語の不定詞に相当するのは，ドイツ語の場合，不定詞です(⇒ 18 ページ)。従って，ドイツ語の場合は，話法の助動詞は不定詞と一緒に用いられるわけです。

　Peter **arbeitet** heute fleißig. ⇒ Peter **muss** heute fleißig arbeiten .
　　　　　　　　　　　　　　　　　　　　　　　　　　　　　　不定詞

**素朴なぎもん**
なぜ「不定詞」を用いるの？

◆ 完了形の課(⇒ 94 ページ)でも説明しましたが，ドイツ語では大切なものを敢えて最後のほうに置くことが大原則となっています。そのため，**ワク構造**ができあがるわけです。

Thomas **will** nächstes Jahr nach Japan kommen .
　　　　　　　　　　　　　　　　　トーマスは来年日本へ来たいと思っている。

Du **sollst** schnell nach Haus gehen .
　　　　　　　　　　　　　　あなたは早く家に帰るべきだ。

**Darf** ich hier rauchen ?　　ここでたばこを吸っていいですか。

Es muss morgen schneien .　　明日，雪が降るに違いない。

**素朴なぎもん**
なぜ不定詞を文末に置くの？

◆ 会話でよく用いる möchte「(できたら)～してみたい」は，話法の助動詞 mögen の接続法第 2 式(英語の仮定法過去に相当し，ていねいな表現となる⇒ 157 ページ)と呼ばれる形です。語形変化は次のようになります。

| ich möchte | du möchtest | er möchte |
|---|---|---|
| wir möchten | ihr möchtet | sie möchten |

Ich **möchte** jetzt Wasser trinken .
　　　　　　　　　　　　　私は，今水を飲みたいのですが。

**素朴なぎもん**
möchte も話法の助動詞なの？

## 21 話法の助動詞と未来形

> **Kleine Übungen** ミニ練習 かっこ内の話法の助動詞を用いて文を作りましょう。

1) Wir gehen heute zur Schule. (müssen)
2) Ich komme morgen zur Party. (können)
3) Du besuchst meinen Onkel im Krankenhaus. (dürfen)
4) Petra wird Ärztin. (wollen)
5) Was mache ich jetzt? (sollen)
6) Was essen Sie jetzt? (möchte)

### 3 話法の助動詞の過去形

CD 67

◆ 話法の助動詞の**過去基本形**は，次の通りです。

話法の助動詞の３基本形

| 不定詞 | 過去基本形 | 過去分詞 |
|---|---|---|
| können | konnte | können |
| müssen | musste | müssen |
| dürfen | durfte | dürfen |
| mögen | mochte | mögen |
| wollen | wollte | wollen |
| sollen | sollte | sollen |

> 過去分詞は不定詞と同じ形です！

**素朴なぎもん**
話法の助動詞の過去形は？

◆ 過去形は，**主語に応じた語尾**を**過去基本形**に付けます（⇒ 90 ページ）。

Du **musst** lange auf ihn warten.
　　　　　　　　　　　　　君は，彼を長い間待たねばならない。

⇒ Du **musstest** lange auf ihn warten.
　　　　　　　　　　　　　君は，彼を長い間待たねばならなかった。

Wir **können** Klavier spielen. 　　私たちはピアノを弾ける。

⇒ Wir **konnten** Klavier spielen. 　　私たちはピアノを弾けた。

**Kleine Übungen** ミニ練習　次の文を過去形にしましょう。

1) Maria will in Japan Japanologie studieren.
2) Kannst du dieses Lied gut singen?
3) Wir dürfen diesen Parkplatz benutzen.

## 4 未来形

◆ **未来形**は，助動詞 **werden** を用いて，**不定詞を文末**に置いて作ります。

> werden ＋ ... ＋ 不定詞（文末）
> └─ワク構造─┘

| | |
|---|---|
| ich werde ... spielen | wir werden ... spielen |
| du wirst ... spielen | ihr werdet ... spielen |
| er wird ... spielen | sie werden ... spielen |

不定詞（文末）

Ich **werde** heute Tennis **spielen** .

　　　　　　　　　　　　　　私は今日テニスをするでしょう。

⇐ Ich spiele heute Tennis.　　　　私はテニスをする。

☑ werden は本来「〜になる」という意味です。したがって，ドイツ語では未来形は，「テニスをすることになる」という言い方をするわけです。

話法の助動詞 wollen「〜したい」の変化形である will は，語形が英語の未来形の will と同じですが，「未来形」ではありません。ドイツ語の未来形は助動詞 werden を用います。

［未来形］

　Peter **wird** morgen zu mir **kommen** .

　　　　　　　　　　　ペーターは明日私のところへ来るでしょう。

［話法の助動詞 wollen］

　Peter **will** morgen zu mir **kommen** .

　　　　　　　　　ペーターは明日私のところへ来たいと思っている。

---

**素朴なぎもん**
未来形はどんなふうに作るの？

**素朴なぎもん**
なぜ未来形に werden を使うの？

**素朴なぎもん**
will は未来形ではないの？

## 21 話法の助動詞と未来形

◆ werden を用いる未来形によって実際に表わされるのは，未来というより「意志」や「推量」です。

Ich **werde** heute nichts **machen**.
私は今日は何もしないつもりだ。（意志）

Du **wirst** sicher müde **sein**.
君はきっと疲れているでしょう。（推量）

Peter **wird** jetzt schon in Köln **sein**.
ペーターは今はもうケルンにいるでしょう。（推量）

**素朴なぎもん**
未来のことを現在形で言ってもいいの？

◆ ドイツ語では**未来の出来事**を，werden を用いた未来形ではなく，「**未来を表す副詞 ＋ 現在形**」で表すことが多いです。

Morgen haben wir einen Test.
明日テストがある。

―― すこし詳しい目の ＋α 情報 ――

### 話法の助動詞の現在完了形

● ドイツ語には，話法の助動詞の現在完了形があります。

> **haben** + ... + 話法の助動詞の過去分詞 （文末）
> └─── ワク構造 ───┘

Du **hast** lange auf ihn warten **müssen**. 過去分詞（文末）
君は，彼を長い間待たねばならなかった。

⇐ Du musst lange auf ihn warten.

完了の助動詞 haben を用いて，話法の助動詞を過去分詞（müssen）に変えて文末へ持ってくると，現在完了形ができるわけです。

☑ 話法の助動詞は他動詞と同じ扱いで，すべて haben 支配です（⇒ 96 ページ）。

### 過去の事柄について判断する表現

● 過去たこと（以前のこと）について判断するときには，文末の不定詞の部分が完了の形（完了不定詞）になります。

完了（の形をした）不定詞
Peter muss gestern Herrn Schmitt **gesehen haben**.
ペーターは昨日シュミット氏に会ったにちがいない。

- ☑ これを英語にすると，*Peter must <u>have seen</u> Mr. Schmitt yesterday.* となって，下線部分が同じく完了の形になりますね。

  Sie mag letzte Woche nach Berlin <u>gefahren sein</u>.
  彼女は先週ベルリンへ行ったのかもしれない。

● 完了不定詞はドイツ語では gesehen haben，英語では *have seen* となって語順が逆になります。

  - ☑ ドイツ語の不定詞句は英語とは逆の語順で，日本語に近いのでしたね (⇒ 82 ページ)。

    gesehen haben　という語順
    見て　　しまう

## 話法の助動詞を不定詞なしで使う用法

● 文末に来るべき不定詞を言わずに，話法の助動詞が（本動詞として）使われることがあります。

  Ich **kann** Französisch.　　　　　私はフランス語ができる。
  Ich **will** diese Kamara.　　　　　私はこのカメラが欲しい。
  Ich **mag** keinen Kaffee.　　　　　私はコーヒーを好まない。

このような用法の完了形に限って，ge-t という形の過去分詞を用います。

  Ich habe Französisch **gekonnt**.　　私はフランス語ができた。
  Ich habe diese Kamara **gewollt**.　私はこのカメラが欲しかった。
  Ich habe keinen Kaffee **gemocht**.　私はコーヒーが好きでなかった。

話法の助動詞の過去分詞（本動詞の場合）

| | | |
|---|---|---|
| können ⇒ gekonnt | müssen ⇒ gemusst | mögen ⇒ gemocht |
| wollen ⇒ gewollt | dürfen ⇒ gedurft | sollen ⇒ gesollt |

# Übungen

**1** かっこ内の助動詞を用いて書き換えなさい。

1) Ich komme heute nicht. (können)

2) Sie bleiben zu Haus. (sollen)

3) Mein Vater schläft heute lange. (wollen)

4) Das vergesse ich nie. (werden)

**2** かっこ内の指示にしたがって書き換えなさい。

1) Musst du in die Stadt fahren?（過去形に）

2) In diesem Zimmer darf man nicht rauchen.（過去形に）

3) Sie will selber ihr Auto reparieren.（現在完了形に）

**3** 次の文を日本語に訳しなさい。

1) Peter muss gestern zu ihr gekommen sein.

2) Peter hat gestern zu ihr kommen müssen.

3) Frau Schmitt mag Herrn Wagner schon gesehen haben.

4) Mögen Sie Süßigkeiten?

**4** 次の文をドイツ語に訳しなさい。

1) 20年前はここから富士山(der Fuji)を見ることができた。（過去形で）

2) あなたは今日，家にいたいですか。

3) 窓(Fenster)を開け(öffnen)ましょうか。

## 22 分離動詞と非分離動詞

### come back と become のこと

英語で come に be や back を付けると，become や come back という表現ができあがりますね。ドイツ語も同じようなしくみがあります。become のような語は一語としてくっついているので非分離動詞と呼び，他方，come back のように二語が離れている表現のことを分離動詞と呼ぶことになっています。

**基本のきほん**

CD 69
**Du kommst heute früh zurück.**
　　　英 come　　　　　　　　英 back　文末に置く
君は今日早く戻ってくる。(現在形)

**Du bist gestern früh zurückgekommen.**
「戻る」zurückkommen は場所　　　　zurückkommen の
の移動を表す自動詞なので sein　　　過去分詞
で完了形
君は昨日早く戻ってきた。(現在完了形)

**Du musst heute früh zurückkommen.**
話法の助動詞 müssen が来ているので，
不定詞 zurückkommen を文末に置く
君は今日早く戻ってこないといけない。(話法の助動詞を用いた文)

## 22 分離動詞と非分離動詞

### 1 分離動詞の不定詞

◆ 英語の *come back* や *stand up* のように，ドイツ語にも動詞と副詞等とが一体になってまとまった意味を表す動詞があります。

　　　Ich　komme　**zurück** .　　　　　　　私は戻ってくる。
　　　㉘ *I　　come　　back.*

これを「**分離動詞**」と呼びます。

**素朴なぎもん**
分離動詞って何のこと？

◆ 辞書で引くときの見出し語になる不定詞は次のように，zurück のほうが前に置かれて，しかも一語として書かれます。zurück のような部分を**前つづり**，kommen のような動詞部分を**基礎動詞**と呼びます。

　　　**zurück**kommen　　　前つづり＋基礎動詞

なぜ，このような形になるのか考えてみましょう。

> 例えば「東京へ来る」という不定詞句は nach Tokio kommen のように動詞の部分のほうが最後に置かれました。それと同様に「戻って来る」も，「来る」のほうが最後に置かれます。つまり，zurück kommen のように並びます。
> ただし，分離動詞は**前つづり＋基礎動詞という順序に並ぶ場合**は，(分離せずに)**一語にして書かれる**という約束になっているので，「戻ってくる」の不定詞はzurückkommen となるのです。カプセルに例えて言うと，(前つづり 基礎動詞) のような順序のときこのカプセルはひとつになりますが，基礎動詞の方が先に来ているときは，カプセルははずれます。
>
> 　　zurückkommen
> 　　(前つづり 基礎動詞)
> 　　Ich　komme　zurück.
> 　　　　(基礎動詞)　(前つづり)

**素朴なぎもん**
なぜ，分離動詞の不定詞は分離せずに一語なの？

**Wörterbuch 独和辞典の使い方**
辞書の見出し語では zurück|kommen のように縦棒が入っています。

**素朴なぎもん**
分離動詞のアクセントはどこにあるの？

◆ アクセントは前つづりにあります。
　　　zur**ü**ckkommen, **a**bfahren, **au**fstehen

◆ zu 不定詞をつくる場合，基礎動詞自体の直前に zu が付くので，次のように zu がまん中に挟まって見えます。(前つづり＋基礎動詞)という順序なので，一語として書かれます。

基礎動詞の直前に zu が置かれます。

aufzustehen, abzufahren, zurückzukommen

## 2 分離動詞の現在形

◆「私は今日 10 時に帰る」という現在形は，次のように表現します。

<基礎動詞>　　　　　　　　　　　<前つづり>

Ich **komme** heute um 10 Uhr zurück. 私は今日 10 時に帰ります。

このように，zurück「戻って」は文末に置かれます。文の中で最重要なことばなので，実際の文章では文末に置かれるわけです。このとき，**ワク構造**ができあがります。

☑ 大切なものは後まで取っておく（⇒ 94，101 ページ）という原理を思い出して下さい。

**素朴なぎもん**
前つづりがなぜ文末に置かれるの？

**Kleine Übungen** ミニ練習　次の文を訳しなさい。

1) Ich mache jetzt das Fenster auf.　　文末のくせ者に注意 !!
2) Ich stehe jeden Morgen früh auf.
3) Das Konzert fängt um 20 Uhr an.
4) Der Zug fährt um 11 Uhr ab.

**Wörterbuch** 独和辞典の使い方

例えば，上の 1) の場合，前つづり auf を基礎動詞 machen の前にくっつけた形 aufmachen で辞書を引く必要があります。文末のくせ者，前つづりによく注意しないと，動詞が何なのかわかりません。

## 3 分離動詞の過去形

◆ 分離動詞の過去形は，現在形の基礎動詞の部分を過去形に変えればできあがります。

## 22 分離動詞と非分離動詞

[基礎動詞] Ich **kam** heute um 10 Uhr [zurück][前つづり].
　　　　　└―――ワク構造―――┘　私は今日10時に帰りました。

⇐ Ich **komme** heute um 10 Uhr [zurück].
　　　　　　　　　　　　　　　私は今日10時に帰ります。

### 4 分離動詞の過去分詞：現在完了形

◆「私は今日10時に帰る」の現在完了形は，komme を過去分詞 gekommen に変えて文末に置きます。

　　Ich **komme** heute um 10 Uhr [zurück].

　　　　　　　　　　　　　　　[前つづり][基礎動詞]
⇒ Ich bin heute um 10 Uhr [**zurück**gekommen].

> kommen は場所の移動を表す自動詞なので sein で完了形を作ります（⇒ 95 ページ）。

[前つづり] ＋ [基礎動詞]という並び方になるので，過去分詞は一語にして書かれます：**zurück**gekommen

**素朴なぎもん**
なぜ，分離動詞の過去分詞は分離せずに一語なの？

### 5 分離動詞の 3 基本形

◆ 今まで述べたことをまとめて，3 基本形（不定詞，過去基本形，過去分詞）を示します。

| 不定詞 | 過去基本形 | 過去分詞 |
|---|---|---|
| zurückkommen | kam ... zurück | zurückgekommen |
| （参照　kommen | - kam | - gekommen） |
| [前つづり][基礎動詞] | [基礎動詞]　[前つづり] | [前つづり][基礎動詞] |

**素朴なぎもん**
分離動詞の3基本形は？

◆ 過去基本形では[前つづり]が文末に置かれ，分離します。
　　[基礎動詞]　[前つづり]

◆ 不定詞と過去分詞では[前つづり]が前に置かれ一語で書かれます。
　　[前つづり][基礎動詞]

# 22 分離動詞と非分離動詞

**Kleine Übungen** ミニ練習　次の分離動詞の3基本形を書きましょう。

1) ab|fahren　2) auf|stehen　3) an|fangen

## 6 分離動詞が分離せずに一語で書かれる場合　CD 74

◆ 上の3基本形を見ればわかるように，分離動詞は（分離という名前にもかかわらず），不定詞と過去分詞を使う場合，分離しません。

◆ したがって，話法の助動詞を使う文，未来形，完了形では，分離動詞は分離せずに一語になります。

　Du musst heute früh **aufstehen**.（話法の助動詞）　不定詞文末
　　　　　　　　　　　前つづり｜基礎動詞

　Du wirst heute früh **aufstehen**.　　　（未来形）　不定詞文末
　　　　　　　　　　前つづり｜基礎動詞

　Du bist heute früh **aufgestanden**.（現在完了形）　過去分詞文末
　　　　　　　　　　前つづり｜基礎動詞

**素朴なぎもん**
分離動詞はどんなときに，一語になるの？

**Kleine Übungen** ミニ練習　次の文を過去形，現在完了形，未来形にしましょう。

1) Ich mache das Fenster auf.
2) Die Party fängt an.
3) Der Zug kommt um 12 Uhr an.

## 7 非分離動詞　CD 75

◆ 次の前つづりで始まる動詞は，**非分離動詞**と呼ばれます。

| be-　emp-　ent-　**er-**　ge-　**ver-**　zer- |
|---|
| 特にこの3つが重要！ |

　**bekommen**　受け取る　　**erlernen**　習得する
　**verstehen**　理解する　など。

◆ 非分離動詞と呼ばれるのは前つづりと基礎動詞とが離れることがまったくないからです。
　（英語でいうと *become*, *forget* のような動詞に対応します。）

**素朴なぎもん**
非分離動詞って何のこと？

## 22 分離動詞と非分離動詞

◆ 非分離動詞の場合，**過去分詞**に **ge** が付きません。

|不定詞|過去基本形|過去分詞|
|---|---|---|
|bekommen|-　bekam|-　bekommen|
|erlernen|-　erlernte|-　erlernt|
|verstehen|-　verstand|-　verstanden|

> gebekommen, geerlernt, geverstanden などとは言いません。

**素朴なぎもん**
非分離動詞のアクセントはどこにあるの？

◆ 非分離動詞では**アクセント**は**基礎動詞**にあります。

| 非分離動詞 | ⇔ | 分離動詞 |
|---|---|---|
| bekómmen | | zurúckkommen |
| verstéhen | | áufstehen |

**Kleine Übungen** ミニ練習　次の非分離動詞の3基本形を書きましょう。

1) besuchen　2) erfahren　3) verlassen

---

### すこし詳しい目の +α 情報

**分離・非分離動詞**

● 次の前つづりが付いた動詞には，分離動詞である場合と非分離動詞である場合とがあり，少しやっかいです。

**durch － hinter － über － um － unter － wider － wieder**

● 次のような例がそうです。（緑の文字はアクセントがあることを示す）

| 分離動詞 | | 非分離動詞 | |
|---|---|---|---|
| über\|gehen | 移行する | übergehen | 無視する |
| durch\|fallen | 落下する | durchdenken | じっくり考える |
| unter\|kommen | 泊まる | unterstützen | 援助する |
| um\|kommen | 死ぬ | umfassen | 抱く |

> ドイツ語の über に対応する英語の over が，*take over*「引き継ぐ」と *overtake*「追いつく」のように二通りになり，またドイツ語の unter に対応する英語の *under* が *go under*「沈む」と *undergo*「経験する」のようになるのと似ています。

# Übungen

**1** かっこ内の不定詞句を用いてドイツ語文を作りなさい。

1） 私たちはその講座に参加しません。(nicht am Kurs teil|nehmen)

2） 私は昨日トーマスに電話した。(gestern Thomas an|rufen) [現在完了形で]

3） 私たちは今日，大阪のおじを訪れます。(den Onkel in Osaka besuchen)

4） 私は彼女を夕食に招待します。(sie zum Abendessen ein|laden)

**2** かっこ内の指示にしたがって書き換えなさい。

1） Vergisst du den Termin? [現在完了形に]

2） Wann sind sie abgereist? [現在形に]

3） Ich spreche den Ausländer an. [未来形に]

**3** 次の文をドイツ語に訳しなさい。

1） その列車はやっと(endlich)到着し(an|kommen)た。[現在完了形で]

2） 会議(Konferenz)は明日ブリュッセル(Brüssel)で催され(statt|finden)る。
　　　　　　　　　　　　　　　　　　　　　　　　　[現在形で]

3） 早く(früh)起きることは，健康的(gesund)です。

# 23 従属接続詞，間接疑問文

🔑 **動詞を最後に来させるヤツ**

> ドイツ語では従属接続詞（英語でいうと *because* や *that* にあたるもの）が使われると，その文中では動詞が一番最後に置かれます。動詞が一番最後というのは，日本人にとって，かえってわかりやすい語順です。間接疑問文を作るときにも，動詞が一番最後に置かれます。

### 基本のきほん

🎧 CD 76

Wir wissen,
　dass Peter heute zur Schule kommt.
　　　　ペーターが　今日　　　学校へ　　　来る

従属接続詞なので V を最後に

日本語の語順と同じになっている！
私たちは，ペーターが今日学校へ来ることを知っています。

Wir wissen nicht,
　wann Peter zur Schule kommt.

間接疑問文なので V を最後に

私たちは，ペーターがいつ学校へ来るのか知りません。

## 23 従属接続詞，間接疑問文

### 1 従属接続詞

◆ 2つの文に主従関係がある場合，メインの文を**主文**，サブの文を**副文**（または従属文）と呼びます。副文（従属文）を作る接続詞を**従属接続詞**と呼びます。

> **素朴なぎもん**
> 従属接続詞って何？

◆ 従属接続詞には，次のようなものがあります。

| | | | |
|---|---|---|---|
| als | 〜したときに（英 when） | bevor | 〜する前に（英 before） |
| da | 〜なので（英 because） | dass | 〜ということ（英 that） |
| obwohl | 〜にもかかわらず（英 although） | | |
| während | 〜の間（英 while） | weil | 〜なので（英 because） |
| wenn | 〜ならば，〜するときに（英 if, when） | | |

◆ 従属接続詞に導かれた副文（従属文）では，定動詞（V）が最後に置かれます：**定動詞後置**

（定動詞については⇒ 20 ページ。）

> **素朴なぎもん**
> 定動詞後置って何？

$$\text{従属接続詞} + S + ... + V \text{（定動詞後置）}$$

主文　　　　　　副文
Sie kommt nicht, **weil sie** heute krank **ist**.
　　　　　　　　　　　S　　　　　　　　V

彼女は，今日病気なので来ない。

主文と副文とは，動詞の位置で区別されます。ドイツ語では，主文に従属する副文であることが，定動詞後置によって表わされます。また，主文と副文とは，かならずコンマで区切られます。

> **素朴なぎもん**
> 主文と副文はどこで見分けられるの？

◆ 副文が初めの方に来ると，主文の主語と動詞が倒置します。

副文　　　　　　　　　主文
**Weil** sie heute krank **ist**, **kommt sie** nicht.
　　　　全体で一要素　　　　　　　V　　S

文頭に主語以外のものが来ると，Hier wohnen wir. のように主語と動詞が倒置しましたよね（⇒ 27 ページ）。この文の場合，副文全体が一要素と見なされ，後に続くSとVが倒置するのです。

115

## 23 従属接続詞，間接疑問文

**素朴なぎもん**
副文中の分離動詞はなぜ一語になるの？

◆ **分離動詞は副文のなかでは**，現在形でも過去形でも分離せずに**一語で書かれます**（前つづり＋基礎動詞という順序で並ぶ場合は一語で書くのでしたね⇒ 108 ページ）。

Ich weiß, dass du heute früh aufstehst. 　定動詞後置
　　　　　　　　　　　　　　前つづり 基礎動詞

　　　　　　　　　　　　　　　　私は，君が今日早く起きることを知っている。

**Kleine Übungen ミニ練習** かっこ内の接続詞を使って，後半の文を副文にしてつなげましょう。

1) Wir wissen. Wir haben morgen keinen Unterricht. (dass)
2) Ich kann nicht kommen. Ich habe Fieber. (weil)

### 2 並列接続詞

**素朴なぎもん**
接続詞にはいろいろ種類があるの？

◆ 接続詞には，他に**並列接続詞**があります。
これは，文と文に主従関係を作らずに文と文を対等に結ぶ接続詞です。

◆ 並列接続詞には，次の語があります。

| und (英 and) | aber (英 but) | oder (英 or) | denn (英 for) |
|---|---|---|---|
| そして | しかし | もしくは | というのも |

◆ 並列接続詞は，**後の語順に影響を与えない接続詞**です。

Peter will kommen, **aber er ist** heute krank.
　　　　　　　　　　　　S 　V

　　　　　　　　　　ペーターは来たいのですが，彼は今日は病気です。

Fahren Sie vorsichtig, **denn die Straßen sind** glatt!
　　　　　　　　　　　　　　　S 　　　　　V

　　　　　　　用心して運転して下さい。というのも，道路が滑りやすいですから。

**素朴なぎもん**
理由を表す weil と da と denn の使い分けは？

> 理由を表す接続詞には，weil, da, denn があります。weil は相手の知らない未知の理由，da は相手も知っている既知の理由，denn は（必ずしも因果関係がなくてもよい）軽い判断の根拠を表します。語順としては，weil と da は従属接続詞なので定動詞後置となるのに対して，denn は並列接続詞なので普通の動詞の位置となります。weil 文は後半に, da 文は前半に来ることが多いです。

> Peter kommt heute nicht zur Schule, **weil** er Fieber hat.
> （あなたは知らないでしょうが，）ペーターは熱があるので，今日は学校へ来ない。
>
> **Da** Peter Fieber hat, kommt er heute nicht zur Schule.
> （あなたも知っているように，）ペーターは熱があるので，今日学校へ来ない。
>
> Peter muss krank sein, **denn** er lacht heute nicht.
> ペーターは病気にちがいない。というのも，彼は今日笑わないんだから。

## 3 間接疑問文

CD 79

◆ 従属接続詞を用いたときのほかに，**間接疑問文**と関係文も副文であるので，**定動詞後置**となります。

（関係文については次の課で習います。）

**素朴なぎもん**
定動詞後置になるのは，どんなとき？

◆ 疑問詞のない疑問文を間接疑問文にするときには，従属接続詞の **ob**（英 whether）「～かどうか」を使い，定動詞後置とします。

Ich frage Maria: „Fährt Peter morgen nach Berlin?"
私はマリアにたずねる。「ペーターは明日ベルリンへ行くのですか。」

⇒ Ich frage Maria, **ob** Peter morgen nach Berlin **fährt**.

主文　　　　　　　　副文

私は，ペーターが明日ベルリンへ行くかどうかマリアにたずねる。

◆ 疑問詞のある疑問文を間接疑問文にするときには，疑問詞をそのまま使って，定動詞後置にします。

Wir wissen nicht: „Wann fährt Peter nach Berlin?"
私たちは知りません。「いつペーターはベルリンへ行きますか。」

⇒ Wir wissen nicht, **wann** Peter nach Berlin **fährt**.
私たちは，ペーターがいつベルリンへ行くか知りません。

Sagen Sie mir bitte!: „Wo wohnt Herr Schneider jetzt?"
私に言って下さい。「どこに今シュナイダーさんは住んでいますか。」

⇒ Sagen Sie mir bitte, **wo** Herr Schneider jetzt **wohnt**.
どこに今シュナイダーさんが住んでいるのか，私に言って下さい。

# Übungen

**1** 次の文を日本語に訳しなさい。

1) Helmut kann nicht zur Party kommen, weil er sehr beschäftigt ist.

2) Da ich nächstes Jahr nach England fliege, muss ich fleißig sparen.

3) Weißt du, ob Thomas heute zur Schule kommt?

**2** 後半の文をかっこ内の接続詞を用いて副文にし，2文を1文にしなさい。

1) Wir spielen nicht Fußball. Es regnet stark. (weil)

2) Ich denke nicht. Der Zug kommt pünktlich an. (dass)

3) Wir spielen Tennis. Das Wetter ist schön. (wenn)

4) Niemand war zu Haus. Ich kam nach Haus. (als)

**3** 間接疑問文にして，2文を1文にしなさい。

1) Wissen Sie? Warum bleibt Angelika zu Haus?

2) Können Sie mir bitte sagen? Wie kommt man zum Museum?

**4** 次の文をドイツ語に訳しなさい。

1) 私は，彼が幸せに(glücklich)暮らし(leben)ているかどうか知りたい。

2) 昨日ペーターが来たとき，私はとても疲れて(müde)いた。

# 24 関係代名詞・指示代名詞

🔑 定冠詞に似た形で，動詞が最後

ドイツ語で「私が昨日買った本」のように言うときには，英語と同様に関係代名詞を使います。関係代名詞の語形は定冠詞と大部分が同じなので，覚えやすいです。なお，関係代名詞は副文を作るので，定動詞後置となります。

**基本のきほん**

CD 80

関係代名詞　　定動詞後置
Der Student, der dort Tennis spielt,
　　　　　　　コンマで区切る
　　　　　　ist mein Bruder.

あそこでテニスをしている学生は，私の兄(弟)です。

## 24 関係代名詞・指示代名詞

### 1 定関係代名詞

◆「あそこでテニスをしている学生」のように，**人物や事物を限定(特定)する関係代名詞**は，**定関係代名詞**と呼ばれます。

**素朴なぎもん**
関係代名詞はどんな形をしているの？

◆ 定関係代名詞は，指示代名詞の der (⇒ 123 ページ) から派生したもので，**大部分が定冠詞 der と同じ形**です。

定関係代名詞 der

|  | 男 | 中 | 女 | 複 |
|---|---|---|---|---|
| 1格 | der | das | die | die |
| 2格 | des**sen** | des**sen** | der**en** | der**en** |
| 3格 | dem | dem | der | den**en** |
| 4格 | den | das | die | die |

緑の文字のところが定冠詞とは異なっている。

### 2 関係文を作る手順

🎧 CD 81

**素朴なぎもん**
関係文はどうやって作ればいいの？

◆関係文 (関係代名詞が導く文) は，次の3つのステップで作ります。

①関係文にする文のなかにある人称代名詞を，性 (数) と格が同じである関係代名詞に変えて，関係文の先頭に置く。

　　例　er (男性1格) ⇒ der (男性1格)
　　　　ihn (男性4格) ⇒ den (男性4格)

②関係文の中の**動詞を後置**する。(関係文は副文なので，**定動詞後置**となります。)

③関係文を**コンマで区切る**。(主文と副文はコンマで区切られます。)

それは学生です。　　　　　　　私は彼をとてもよく知っている。
(a) Das ist der Student.　(b) Ich kenne ihn sehr gut.

**ステップ①**
人称代名詞 ihn (男性4格) を関係代名詞 den (男性4格) に変えて，関係文の先頭へ。

**ステップ②**
動詞を後置する。

⇒ Das ist der Student, **den** ich sehr gut **kenne**.

主文　**ステップ③**コンマで区切る。　副文

## 24 関係代名詞・指示代名詞

それは女子学生です。　　　彼女は明日私のところへ来る。
(a) Das ist die Studentin.　(b) **Sie** kommt morgen zu mir.

⇒ Das ist die Studentin, **die** morgen zu mir **kommt**.

☑ 人称代名詞が関係代名詞に正しく変えられているかどうかを見分けるのは簡単です。2格を除くと，語尾のあたりが一致しているはずです。

例 sie ⇒ die，ihm ⇒ dem，es ⇒ das，ihnen ⇒ denen

**素朴なぎもん**
正しい関係代名詞の見分け方は？

◆ 「〜の」という所有冠詞（sein，ihr など）を関係代名詞に変えるには，同じ性（数）の2格の関係代名詞を選びます。

その女子学生は，日本語を話さない。　　　彼女の母は日本人だ。
(a) Die Studentin spricht nicht Japanisch.　(b) **Ihre** Mutter **ist** Japanerin.

⇒ Die Studentin, **deren** Mutter Japanerin **ist**, spricht nicht Japanisch.

◆ 前置詞と結び付いている場合は，関係代名詞は前置詞と一緒になって関係文の先頭に来ます。

(a) Die Studentin studiert in Freiburg.
(b) Ich gehe **mit ihr** ins Konzert.

（mit が3格支配だから女性3格になっています。）

⇒ Die Studentin, **mit der** ich ins Konzert gehe, studiert in Freiburg.

私が一緒にコンサートへ行く女子学生は，フライブルクで勉強しています。

---

**Kleine Übungen　ミニ練習**　次の2文を，関係代名詞を用いて1文にしましょう。

1) Das ist die Frau. Sie fährt nächstes Jahr nach Alaska.
2) Du kennst sicher das Kind. Ich gebe ihm heute dieses Buch.
3) Der Student arbeitet nicht fleißig. Sein Vater ist Lehrer.
4) Das ist der Park. Ich gehe jeden Tag durch den Park.

## 24 関係代名詞・指示代名詞

### 3 不定関係代名詞

CD 82

**素朴なぎもん**
関係代名詞にも，いろいろ種類があるの？

◆ 先行詞（関係文が修飾する名詞）を必要とせず，**不特定の一般的な人やもの（こと）**を表す関係代名詞を「**不定関係代名詞**」と呼びます。

◆ 定関係代名詞を用いた関係文と同様に，**定動詞後置**となります。

◆ **wer**：「（およそ）…する人はだれでも」（英 whoever）

**Wer** heute kommt, ist willkommen.
定動詞後置　　　　　（英 Whoever comes today is welcome.）
　　　　　　　　　　　今日来る人はだれでも歓迎です。

◆ **was**

① 「…すること（物）」（英 what）

**Was** Sie jetzt sagen, ist falsch. （英 What you say now is false.）
定動詞後置
　　　　　　あなたが今言っていることは，間違っている。

② etwas, alles, nichts や中性名詞化した形容詞が先行詞である場合には，was で受けます。

Ich habe **nichts**, **was** ich dir geben kann.
　　　　　　　　　　　　　　　　　定動詞後置
　　　　　　私は，あなたにあげられる物を何も持っていない。

Das ist **das Schönste**, **was** ich je gesehen habe.
　　　　　　　　　　　　　　　　　　定動詞後置
　　　　　　これは，私が今まで見たなかで一番美しいものだ。

---

**すこし詳しい目の ＋α 情報**

### 指示代名詞 der

● 定冠詞にはもともと「その」のように指示する力がありますが，der Mann を「デーア・マン」のように der に強いアクセントを置いて発音すると，「まさにその」のように指し示す力が強くなります。このような働きをするのが指示代名詞の der です。指示代名詞 der と定関係代名詞の語形は全く同じです。

## 24 関係代名詞・指示代名詞

指示代名詞 die

|  | 男 | 中 | 女 | 復 |
|---|---|---|---|---|
| 1格 | der | das | die | die |
| 2格 | des**sen** | des**sen** | der**en** | der**en** |
| 3格 | dem | dem | der | den**en** |
| 4格 | den | das | die | die |

● 指示代名詞 der は，強く指示するときに用いられます。

　　　Kennen Sie diesen Mann?　　　あなたは，この男性を知っていますか。

　　　　— Ja, **den** kenne ich sehr gut.
　　　　　　　　　　　　— はい，この人ならとてもよく知っています。

● 指示代名詞 der は，同語反復を避けるときにも用いられます。

　　　Mein Auto ist anders als **das** meines Freundes.
　　　　　　　　　　　　私の車は私の友人のそれ(車)とは違っている。

　(英 *My car is different from that of my friend.*)

指示代名詞の der が定関係代名詞と同形なのは，英語で *that* という指示代名詞と関係代名詞 *that* とが同形であるのと似ています。指示代名詞の der が歴史の中で関係代名詞 der の働きを持つようになったのです。

**素朴なぎもん**

指示代名詞 der と関係代名詞とは，なぜ形が同じなの？

ニュルンベルク(Nürnberg)のクリスマスマーケット

# Übungen

**1** 2つ目の文を関係文にして1つ目の文につなげなさい。

1) Das ist die CD. Ich habe sie gestern in Shinjuku gekauft.

2) Das ist der Mann. Sie suchen ihn jetzt.

3) Die Frau ist sehr freundlich. Sie steht am Fenster.

4) Der Zug kommt immer noch nicht. Wir warten lange auf den Zug.

**2** 次の文を日本語に訳しなさい。

1) Was man einmal versprochen hat, muss man auch tun.

2) Wer täglich raucht, lebt nicht lang.

**3** かっこ内に指示代名詞 der を適切な形で入れなさい。

1) Hast du diesen Roman schon gelesen?
  — Nein, (　　) habe ich noch nicht gelesen.

2) Möchten Sie diese Tasche haben?
  — Ja, (　　) möchte ich haben.

**4** 次の文をドイツ語に訳しなさい。

1) ペトラが興味を持っている (sich für et.⁴ interessieren) 映画は，私にとって退屈 (langweilig) だ。

2) これが，私の知っている (wissen) すべて (alles) です。

# 25 受動態

## 受動態にもなる「なる」

ドイツ語の werden「なる」ということばは，重要な単語です。werden は不定詞と一緒に使うと未来形でしたね（「～することになる」⇒ 103 ページ）。今度は過去分詞と一緒に使うと受動態になります（「～されるようになる」）。

### 基本のきほん

CD 83

「～される」（動作）を表す werden / 過去分詞を文末に

**Die Tür wird von der Mutter geöffnet.**

（動作受動）ドアは母によって開けられる。

「～されている」（状態）を表す sein / 過去分詞を文末に

**Die Tür ist jetzt geöffnet.**

（状態受動）ドアは今開かれている（開いている）。

## 25 受動態

### 1 動作受動:「～される」

◆ ドイツ語の受動態には2種類あります。
「～される」という動作を表す「**動作受動**」と,「～されている」という状態を表す「**状態受動**」です。

**素朴なぎもん**
受動態には2種類あるの？

◆ **動作受動**は, werden + ... + 過去分詞(文末)で作ります。このとき**ワク構造**ができあがります。

> werden + ... + 過去分詞(文末)
> └─── ワク構造 ───┘

(schließen(閉じる)の過去分詞)

Dieses Gebäude **wird** jetzt **geschlossen**.
└─── ワク構造 ───┘

この建物は今閉められる。

**素朴なぎもん**
なぜ受動態ではwerdenを使うの？

☑ werden はもともと「～になる」という意味です。動作受動では,「～されるようになる」と表現するわけです。

「ほめられる」の変化(現在形)

| ich werde ... gelobt | wir werden ... gelobt |
| du wirst ... gelobt | ihr werdet ... gelobt |
| er wird ... gelobt | sie werden ... gelobt |

**素朴なぎもん**
受動態はどうやって作ればいいの？

◆ 能動文から(動作)受動文への書き換えは, 次の要領で行います。

能動文から受動文へ

| 能動文 | ⇒ | 受動文 |
| ① 1格主語 | ⇒ | **von** + 3格 (英 by ～ に相当) |
| ② 4格目的語 | ⇒ | 1格主語 |
| ③ 動詞 | ⇒ | **werden** + ... + 過去分詞(文末) |

(能動文) Die Mutter sucht den Hund.
　　　　　①1格主語　　　　　②4格目的語　　母はその犬を探す。

(受動文) Der Hund wird von der Mutter gesucht.
　　　　　1格主語　　　　von + 3格

その犬は母によって探される。

◆ 動作受動の過去形は werden を過去形（過去基本形は wurde）にすればできます。

Der Hund **wurde** von der Mutter gesucht.（**過去形**）

その犬は母によって探された。

**Kleine Übungen** ミニ練習　次の文を受動態に変えましょう。

Das Kind isst diesen Kuchen.
1）現在形の動作受動文
2）過去形の動作受動文

## 2　状態受動：「〜されている」

CD 85

◆ 状態受動は，**sein** ＋ ... ＋ 過去分詞（文末）で作ります。

> sein ＋ ... ＋他動詞の過去分詞（文末）
> ── ワク構造 ──

**素朴なぎもん**
状態受動はどうやって作るの？

Dieses Gebäude **ist** heute geschlossen.

この建物は今日閉められている。

Dieses Gebäude **war** gestern geschlossen.

この建物は昨日閉められていた。

sein ＋自動詞の過去分詞だと，完了形になります（⇒ 95 ページ）。
　例 Sein Vater ist nach Tokio gekommen.　彼の父は東京へ来た。
sein ＋他動詞の過去分詞が状態受動なのです。この両者の区別は大切です。

**素朴なぎもん**
sein ＋過去分詞はいつでも状態受動？

──── すこし詳しい目の ＋α 情報 ────

### 動作受動の未来形，現在完了形

● 未来形は **werden** ＋ ... ＋過去分詞＋ **werden**（不定詞）となります。

> 未来形 = werden ＋ ... ＋不定詞（文末）でしたね。

Der Hund **wird** von der Mutter gesucht **werden**.（未来形）

未来の助動詞 werden　　受動の werden

その犬は母によって探されるだろう。

## 25 受動態

- 現在完了形は **sein** + ... +過去分詞+ **worden** となります。

   Der Hund **ist** von der Mutter gesucht **worden**. (現在完了形)

   (geworden ではない。)　　その犬は母によって探された。

   > 動作受動の完了形は「werden（なる）」を完了形にすると思えばいいです。werden は「状態の変化を表す自動詞」なので完了形では sein を使い（⇒ 95 ページ），文末に werden の過去分詞が来ます。ただし受動態の完了形のときに限って，過去分詞は geworden ではなくて，ge- のない worden を用いるという点が，例外的なところです。

**素朴なぎもん**
えっ，自動詞に受動態があるの？

### 自動詞の受動態

- 受動文の主語になれるのは，能動文の4格名詞です。

   Der Vater schenkt dem Sohn **ein Buch**.

   　　　　　　　　　　　　　　父は息子に本をプレゼントする。

   ⇒ ○ **Ein Buch** wird vom Vater dem Sohn geschenkt.

   × Der Sohn wird vom Vater ein Buch geschenkt. は不可。

   (能動文の3格名詞は受動文の主語にはなれません。)

- したがって，4格のない自動詞を受動態にすると，主語なし文ができます。

   Sonntags arbeitet man nicht.　　　　　日曜日に人は仕事をしない。

   ⇒ Sonntags wird ▲ nicht gearbeitet.　　日曜日に仕事はなされない。

   (▲のところに本来なら主語があるはず。)

- 文頭に主語をどうしても置く場合には，形式的なダミーの主語として es を置いて文頭を埋めます。

   Es wird sonntags nicht gearbeitet.　　　日曜日に仕事はなされない。

### そのほかの受動的表現

- sein + zu 不定詞は，「～されることができる」（受動の可能）または「～されねばならない」（受動の義務）を表します（⇒ 83 ページ）。

   Der Wunsch **ist** nicht **zu** erfüllen.　　　その願いは叶えられない。

   Das Buch **war** gleich **zu** bestellen.
   　　　　　　　　　　　　　その本はすぐに注文されねばならなかった。

- sich +他動詞+ lassen も「～されることができる」（受動の可能）を表します。

   Der Wunsch **lässt sich** nicht erfüllen.　　その願いは叶えられない。

# Übungen

**1** 次の文を日本語に訳しなさい。

1) Die Tür wird abends um 6 Uhr geschlossen.

2) Deutschland wurde im Oktober 1990 wieder vereinigt.

3) Der Gipfel des Bergs ist schon mit Schnee bedeckt.

**2** 次の文を受動態に変えなさい。

1) Der Lehrer fragt den Schüler.

2) Jürgen hat gestern mein Fahrrad repariert.

3) Die Eltern lobten die Kinder.

4) Ein Zuschauer schenkte dem Sänger einen Strauß.

**3** 次の文をドイツ語に訳しなさい。

1) このレストラン（Restaurant）は，午前（vormittags）11時に開け（öffnen）られる。

2) このレストランは，今開いている。

3) この町はツーリスト（Tourist）たちに訪れられる。

4) ホテルの部屋（Hotelzimmer）はすでに予約（reservieren）されている。

# 26 形容詞の格変化

## メリハリ尾っぽと控えめ尾っぽ

ドイツ語の形容詞は,「白いネコ」のように名詞を修飾するときには,必ず語尾を付けます。この語尾の付け方は一見複雑に見えますが,原理がわかれば難しくはありません。

**基本のきほん**

*dieser の後だと控えめな弱い語尾 -e が付く*

**Dieser kleine Hund läuft sehr schnell.**

↑ ここにメリハリのある語尾がある

この小さな犬は,とても速く走る。

*mein の後だとメリハリのある語尾 -er が付く*

**Mein kleiner Hund läuft sehr schnell.**

↑ ここに何も語尾がない

私の小さな犬は,とても速く走る。

## 26 形容詞の格変化

### 1 形容詞の3つの用法　CD 87

◆形容詞には，述語，副詞，付加語としての3つの用法があります。

**① 述語的用法**

　　　　　Der Junge ist **gut**.　　　　　　　その少年は(行儀が)良い。

**② 副詞的用法**

　　ドイツ語の形容詞はそのままの形で副詞として使えます。
　　　　　Der Junge schreibt **gut**.　　　　　その少年は上手に書く。

**③ 付加語的用法**（名詞を修飾する用法）

　　付加語用法では，形容詞に必ず何か語尾が付きます。
　　　　　Der **gute** Junge ist beliebt.　　その(行儀の)良い少年は人気がある。

### 2 形容詞の格変化語尾のメカニズム

◆ 付加語用法の形容詞にどんな語尾が付くかは，形容詞の前にどんな冠詞類が来ているのかによって決まります。

**①** 形容詞の前に明確な語尾をもつ冠詞[類]がなければ，形容詞自体がdies**er** の語尾変化と同じように**明確に変化**します。

　　　　　ein■ rot**er** Tisch　　一つの赤いテーブルが
　　　　　　└─ 語尾がない

**②** 形容詞の前に明確な語尾をもつ冠詞[類]がすでにあれば，形容詞自体は**弱い語尾**になり，**-en** または **-e** を付ける。

　　　　　dies**er** rot**e** Tisch　　この赤いテーブルが
　　　　　　└─ 明確な語尾がある

> **②**の dieser Tisch「このテーブルが」では，(形容詞より先に) dieser に，男性1格を明確に示す語尾 -er が付いているのに対して，**①**の ein■ Tisch「ひとつのテーブルが」では，形容詞の前にある ein に明確な語尾がありません。それを補うために**①**では，rot「赤い」という形容詞に男性1格を明確に示すメリハリのある語尾 -er が付けられ，ein roter Tisch となります。**②**では dieser にすでに明確な語尾 -er が付いているので，rot には控えめな弱い語尾 -e を付けるだけで済み，dieser rote Tisch となります。

---

**素朴なぎもん**
形容詞にはどんな用法があるの?

**素朴なぎもん**
形容詞はそのまま副詞として使えるの?

**素朴なぎもん**
形容詞の語尾はどんなふうにして決まるの?

# 26 形容詞の格変化

## 3 形容詞の格変化語尾一覧

**素朴なぎもん**
形容詞にどのような語尾が付くの？

◆ 形容詞の前にどんな冠詞[類]があるのか，それともないのかによって付く語尾の種類が異なります。

### ① 形容詞＋名詞（冠詞[類]が前にない場合）

形容詞自体が**明確に強く**（dieser 型と同じ）語尾変化します。
ただし，男2格，中2格は –es ではなく**–en** となります。

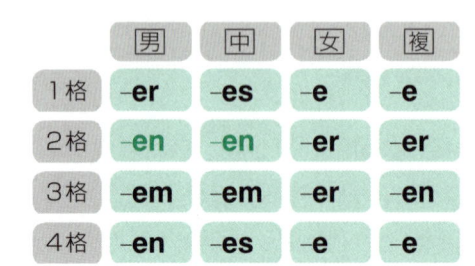

|  | 男 | 中 | 女 | 複 |
|---|---|---|---|---|
| 1格 | –er | –es | –e | –e |
| 2格 | –en | –en | –er | –er |
| 3格 | –em | –em | –er | –en |
| 4格 | –en | –es | –e | –e |

✓ 男2格，中2格ではWeins や Brotes のようにすでに名詞自体に –(e)s が付くので，形容詞には弱い語尾 –en を付けるだけでいいのです。

| 男性 | 中性 | 女性 | 複数 |
|---|---|---|---|
| roter Wein | frisches Brot | kalte Milch | frische Brote |
| rot**en** Weins | frisch**en** Brotes | kalter Milch | frischer Brote |
| rotem Wein | frischem Brot | kalter Milch | frischen Broten |
| roten Wein | frisches Brot | kalte Milch | frische Brote |

### ② 定冠詞[類]＋形容詞＋名詞

男1格，中1格・4格，女1格・4格で弱い語尾 **–e**，それ以外で弱い語尾 –en となります。

|  | 男 | 中 | 女 | 複 |
|---|---|---|---|---|
| 1格 | dieser –e | dieses –e | diese –e | diese –en |
| 2格 | dieses –en | dieses –en | dieser –en | dieser –en |
| 3格 | diesem –en | diesem –en | dieser –en | diesen –en |
| 4格 | diesen –en | dieses –e | diese –e | diese –en |

| 男性 | 中性 | 女性 | 複数 |
|---|---|---|---|
| dieser rot**e** Wein | dieses frisch**e** Brot | diese kalt**e** Milch | diese frischen Brote |
| dieses roten Weins | dieses frischen Brotes | dieser kalten Milch | dieser frischen Brote |
| diesem roten Wein | diesem frischen Brot | dieser kalten Milch | diesen frischen Broten |
| diesen roten Wein | dieses frisch**e** Brot | diese kalt**e** Milch | diese frischen Brote |

### ③ 不定冠詞[類]＋形容詞＋名詞

不定冠詞[類]が無語尾である3箇所■(男1格，中1格・4格)で，形容詞が**強く**（dieser 型と同じ）語尾変化します。それ以外は②と同じく弱い語尾が付きます。

|  | 男 | 中 | 女 | 複 |
|---|---|---|---|---|
| 1格 | mein■ –er | mein■ –es | meine –e | meine –en |
| 2格 | meines –en | meines –en | meiner –en | meiner –en |
| 3格 | meinem –en | meinem –en | meiner –en | meinen –en |
| 4格 | meinen –en | mein■ –es | meine –e | meine –en |

| 男性 | 中性 | 女性 | 複数 |
|---|---|---|---|
| mein rot**er** Wein | mein frisch**es** Brot | meine kalte Milch | meine frischen Brote |
| meines roten Weins | meines frischen Brotes | meiner kalten Milch | meiner frischen Brote |
| meinem roten Wein | meinem frischen Brot | meiner kalten Milch | meinen frischen Broten |
| meinen roten Wein | mein frisch**es** Brot | meine kalte Milch | meine frischen Brote |

---

**Kleine Übungen** ミニ練習　1格から4格まで語尾変化させましょう。

1) der große Mann
2) ein großer Mann
3) dieses kleine Kind
4) ein kleines Kind
5) meine alte Mutter
6) Ihr netter Vater
7) frische Milch
8) gutes Brot

## 4 形容詞の名詞化

① 「（冠詞類＋）形容詞＋名詞」の組み合わせから名詞を省くことで，形容詞が名詞になります。形容詞の変化語尾はそのまま残します。

der kranke Mann ⇒ der **Kranke**
その病気の男性が　　　その男性患者が

（名詞になったのですから，大文字で書き始めます。）

**素朴なぎもん**
形容詞の名詞化って何のこと？

## 26 形容詞の格変化

**②** 男性形，女性形，複数形は「人」を表します。

der alte Mann ⇒ der **Alte**　　ein alter Mann ⇒ ein **Alter**
　　その老人(男性)が　　　　　　　　　　　ある老人(男性)が

die alte Frau ⇒ die **Alte**　　eine alte Frau ⇒ eine **Alte**
　　その老人(女性)が　　　　　　　　　　ある老人(女性)が

die alten Leute ⇒ die **Alten**　　alte Leute ⇒ **Alte**
　　その老人たちが　　　　　　　　　　　老人たちが

**③** 中性形は「もの，こと」を表します。

das alte Ding ⇒ das **Alte**
　　その古いものが

実際には，etwas（英 *something*），nichts（英 *nothing*）と一緒に用いられることが多いです。

etwas **Neues**　　何か新しいもの（英 *something new*）

nichts **Neues**　　何も新しいものは〜ない（英 *nothing new*）

☑ 形容詞の前に何も明確な語尾を持つものがないので，形容詞自体にメリハリのある語尾（中性形）が付くわけです。

**素朴なぎもん**
*something new* をドイツ語ではどう言うの？

### Wörterbuch 独和辞典の使い方

辞書の見出し語で形容詞の名詞化は次のような表記がなされています。

　　Alte, Alte[r], Alte#

形容詞の名詞化は語尾がさまざまで一定しないので，このような表記がされるわけです。

### Kleine Übungen ミニ練習　1格から4格まで語形変化させましょう。

1) die Deutsche　　そのドイツ人(女性)が
2) ein Kranker　　ある病人(男性)が
3) das Schöne　　そのすてきなものが

## 26 形容詞の格変化

### すこし詳しい目の +α 情報

### 序数詞

- 「第何番目」を表す語は，1〜19までは基数（ふつうの数字）に -t を付け，20以上には基数に -st を付けて作ります。

| | | |
|---|---|---|
| 1. **erst** | 2. zweit | |
| 3. **dritt** | 4. viert | 太字の単語は例外です。 |
| 5. fünft | 6. sechst | |
| 7. sieb[en]t | 8. **acht** | |
| 9. neunt | 10. zehnt | |
| 11. elft | 12. zwölft | |
| 13. dreizehnt | 19. neunzehnt | |
| 20. zwanzigst | 23. dreiundzwanzigst | |
| 25. fünfundzwanzigst | 86. sechsundachtzigst | |

**素朴なぎもん**
ドイツ語でファースト，セカンドはどう言う？

- 数詞が名詞を修飾するとき（付加語的用法）は，形容詞と同じように語尾を必ず付けます。

　　　　das einundzwanzigst**e** Jahrhundert　（21世紀）

　　= das 21. Jahrhundert

  ☑ 数字で書くときには序数詞は 21. のように，数字のあとにピリオドを打つ習慣になっています。

　　Heute ist der 9. [= der neunt**e** ] November.
　　　　　　　　　　　　　　　　　　　　　今日は，11月9日です。

　　Am 15. [= am fünfzehnt**en**] Mai hat mein Sohn Geburtstag.
　　　　　　　　　　　　　　　　　　5月15日に私の息子は誕生日を迎える。

  ☑ der 9. と am 15. のあとにはそれぞれ Tag（英 *day*）が隠れていると考えるとよいでしょう。なお，Tag は男性名詞です。

　　　　der 9. Tag　（9番目の日）
　　　　am 15. Tag　（15番目の日に）

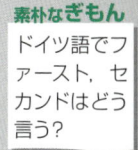

# Übungen

**1** 例にしたがって文章を作りなさい。

　　例 ein Hund, weiß / ich
　　　⇒ Hier ist ein weißer Hund. Der weiße Hund gehört mir.

1) eine Katze, schwarz / ich
   ⇒
2) ein Auto, blau / er
   ⇒
3) ein Buch, kostbar / mein Großvater
   ⇒

**2** 次の下線部に適切な語尾を入れて，日本語に訳しなさい。

1) Heute ist schön___ Wetter. Ich mache einen klein___ Spaziergang.

2) In der Zeitung gibt es nichts Neu___.

3) Der Deutsch___ hat mir ein deutsch___ Buch geschenkt.

4) Meine Mutter kauft mir ein___ schick___ Anzug.

5) Er wohnt in ein___ groß___ Haus.

6) Morgen hat mein Vater sein___ 50. [ = fünfzigst___ ] Geburtstag.

7) Den wieviel___ haben wir heute?

　　—Heute ist der sechst___ Oktober.

**3** 次の文をドイツ語に訳しなさい。

1) その小さなコンピュータは私のものです (gehören)。

2) 私は黒い髪 (Haar) をしています。

3) 私の白い (weiß) ネコは，キティ (Kitty) という名前です。

# 27 原級・比較級・最上級

## 比べて最高，アム・ステン

ドイツ語の比較表現は，英語とそんなに変わりません。きっとこの課はわかりやすいと思います。少し戸惑うかもしれないのは最上級ですが，am ～sten というオールマイティーの重宝する形があります。

### 基本のきほん

㊥as 原級 as

Peter ist so jung wie ich.

ペーターは私と同じくらい若い。

㊥比較級＋than

Peter ist jünger als ich.

ペーターは私よりも若い。

㊥the ＋最上級　　㊥at the 最上級に相当する形

Peter ist der jüngste / am jüngsten.

ペーターは一番若い。

## 27 原級・比較級・最上級

### 1 原級―比較級―最上級

◆ **比較級**は原級に **-er**，**最上級**は **-st** を付けます。

| 原級 | 比較級 | 最上級 | |
|---|---|---|---|
| schön | schön**er** | schön**st** | 美しい |
| fleißig | fleißig**er** | fleißig**st** | 勤勉な |

> 英語の *more beautiful – most beautiful* のような変化はありません。

◆ 原級が一音節（一つの母音しかない語）の場合，比較級と最上級でたいてい**ウムラオト**します。

| lang | l**ä**nger | l**ä**ngst | 長い |
|---|---|---|---|
| jung | j**ü**nger | j**ü**ngst | 若い |

◆ 原級が -t，-d，歯音（s, ß, z など）で終わる場合は最上級で口調の e（口調の e ⇒ 18, 86 ページ）を入れます。

| alt | älter |ält**e**st | 古い |
|---|---|---|---|
| kurz | kürzer | kürz**e**st | 短い |

◆ そのほかに，英語の *good - better - best* のように，不規則な変化をするものがあります。

| gut | besser | best | よい |
|---|---|---|---|
| viel | mehr | meist | 多い |
| gern | lieber | liebst | 好んで |
| hoch | hö**h**er | höchst | 高い |
| nah | näher | nä**c**hst | 近い |
| groß | größer | größt | 大きい |

#### Wörterbuch 独和辞典の使い方

辞書では，ウムラオトするものと不規則なものについては，lang (länger, längst)，viel (mehr, meist) のような記載があります。

---

**素朴なぎもん**
*more beautiful, most beautiful* はドイツ語にもあるの？

**素朴なぎもん**
比較級，最上級でウムラオトするの？

# 27 原級・比較級・最上級

**Kleine Übungen ミニ練習** 比較級と最上級を書きましょう。

1) klein　　　　小さい
2) interessant　おもしろい
3) stark　　　　強い

## 2 原級と比較級の用法

◆ 英語の "*as* + 原級 + *as* ..." は so + 原級 + wie ... で，"比較級 + *than* ..." は比較級 + als ... で表現します。

**素朴なぎもん**
原級と比較級の使い方は英語と同じ？

① **so** + 原級 + **wie** ...　(英 *as* 〜 *as* ...)「…と同じくらい〜だ」

Unser Lehrer ist **so** alt **wie** mein Vater.
　　　　　　　　　私たちの先生は私の父と同じ年齢だ。

② 比較級 + **als** ...　(英 *than*)「…よりも〜だ」

Unser Lehrer ist **älter als** mein Vater.
　　　　　　　　　私たちの先生は私の父よりも年上だ。

Jetzt wohne ich in einem **größer**en Zimmer **als** früher.
　　　　　　　　　今私は，以前よりも大きい部屋に住んでいる。

　☑　größeren という語形は，größer までが比較級で，-en は形容詞が名詞を修飾するとき（付加語的用法）に付く語尾です（⇒ 131 ページ）。

③ **je** + 比較級 + S + ... + V, **desto** + 比較級 + V + S ...
(英 *The* + 比較級, *the* + 比較級)「…すればするほど，それだけいっそう…する」

**Je höher** wir auf den Berg stiegen, **desto kälter** wurde es.
　　　　　　　　　私たちは山を高く登れば登るほど，寒くなってきた。

　☑　je は従属接続詞なので定動詞後置となります。

## 27 原級・比較級・最上級

### 3 最上級の用法

◆ 形容詞の最上級には，定冠詞 + ～ste(n) と am ～sten という2通りの語形があります。

**素朴なぎもん**
最上級は，どんなふうに使えばいいの？

#### ① 定冠詞 + ～ste(n)

主語の性・数によって定冠詞と形容詞の語尾が変わります。

形容詞の語尾変化については⇒132ページ。

Peter ist **der** fleißig**ste** in der Klasse.
　　　　　男性なので der -e となる　　　　　ペーターはクラスで一番勤勉だ。

Maria ist **die** fleißig**ste** in der Klasse.
　　　　女性なので die -e となる　　　　　マリアはクラスで一番勤勉だ。

Peter und Maria sind **die** fleißig**sten** in der Klasse.
　　　　　　　　　　　複数なので die -en となる
　　　　　　　　　　　ペーターとマリアはクラスで一番勤勉だ。

Dieses Buch ist **das** interessante**ste**.
　　　　　　　中性なので das -e となる
　　　　　　　　　　　　　この本が一番おもしろい。

**素朴なぎもん**
am ～sten という形のほうが便利なの？

#### ② am ～sten：主語が何であっても同じ形です。 〈これの方が簡単ですね。〉

Peter ist **am fleißigsten** in der Klasse.
　　　　　　　　　　　　　ペーターはクラスで一番勤勉だ。

Maria ist **am fleißigsten** in der Klasse.
　　　　　　　　　　　　　マリアはクラスで一番勤勉だ。

Peter und Maria sind **am fleißigsten** in der Klasse.
　　　　　　　　　　　　　ペーターとマリアはクラスで一番勤勉だ。

Dieses Buch ist **am interessantesten**.
　　　　　　　　　　　　　この本が一番おもしろい。

◆ 副詞の最上級は，いつでも **am ～sten** を用います。

Peter lernt Deutsch **am fleißigsten**.
　　　　　　　　　　　ペーターが一番勤勉にドイツ語を学ぶ。

☑ fleißig は形容詞ですが副詞として使われています（⇒ 131 ページ）。

## 27 原級・比較級・最上級

Ich trinke **am liebsten** Kaffee.

私はコーヒーを飲むのが一番好きだ。

☑ am liebsten は副詞 gern「好んで」の最上級です（⇒ 138 ページ）。

◆ したがって，最上級としては am 〜sten を覚えておくと重宝します。

> am 〜sten という語形は馴染みづらいかもしれませんが，これに似た形が実は英語にもあります。例えば「この木は今が一番の盛りだ」という表現は，*This tree is at its best now.* と言います。この文の *at its best*「その最良の状態に」という部分が am 〜sten です。前置詞の an は英語の *at* に相当します。この am 〜sten は，「他者と比べて一番〜だ」という意味（他者比較）だけではなく，上の英語の文のように，同一のものが「特定の状態のときに一番〜だ」という意味（内部比較）を表すこともできます。例えば，Ich bin vor der Prüfung am fleißigsten.「私は試験前が一番勤勉です」がそうです。したがって，am 〜sten は 1）他者比較の形容詞最上級，2）内部比較の形容詞最上級，3）副詞の最上級といった具合に，最上級のすべての用法をカバーできる，オールマイティーなものです。これをまずは覚えておいた方が，早そうですね。

**素朴なぎもん**
am 〜sten って，どういう形なの？

ベルリンの壁跡にできたイーストサイド・ギャラリー

# Übungen

**1** 次の下線部に，原級，比較級，最上級のうちいずれかを入れ，文を完成させなさい。

1) Ich bin so _____ (groß) wie du.

2) Du bist _____ (groß) als ich.

3) Peter ist _____ (groß) von uns.

4) Erika ist _____ (groß) von uns.

5) Peter lernt _____ (fleißig) Mathematik als ich.

6) Ich trinke Bier _____ (viel) als mein Vater.

7) Es ist heute _____ (kalt) als gestern.

**2** 次の文を日本語に訳しなさい。

1) Hunger ist der beste Koch. ［諺］

2) Die Zugspitze ist der höchste Berg in Deutschland. Aber sie ist nicht so hoch wie der Fuji.

**3** 次の文をドイツ語に訳しなさい。

1) ドナウ川(die Donau)はライン川(der Rhein)よりも長い。

2) 日本の一番大きな湖(See)は琵琶湖(der Biwa)です。

3) ベルリンは，ドイツで一番活気のある(lebhaft)町です。

# 28 分　詞

## 形容詞のキャラになった動詞の形

Partizip

現在分詞と過去分詞には，形容詞と同じような用法があります。これは不思議なことではありません。分詞という呼び方をするのは，これらが動詞の性質と形容詞の性質とを分かち持っているからなのです。

### 基本のきほん

CD 91

名詞を修飾する形容詞の働きなので語尾を付ける

die gefallen**en** Blätter　　　　落ち葉

日本語と同じで，前から修飾

語尾を付ける

das dort mit Peter tanzend**e** Mädchen

あそこでペーターとダンスをしている少女

## 28 分詞

### 1 分詞の形と意味

◆ **過去分詞**の形についてはすでに習いました（動詞の３基本形⇒ 86 ページ）。

◆ **自動詞**の過去分詞は「～した，～してしまった」という能動の**完了**の意味を，**他動詞**の過去分詞は「～される，～された」という**受動**の意味を表します。

| fallen | 落ちる | （自動詞） | ⇒ | **gefallen** | 落ちてしまった（完了） |
| suchen | 探す | （他動詞） | ⇒ | **gesucht** | 探される （受動） |

✓ ＜sein ＋自動詞の過去分詞＞が完了形（⇒ 95 ページ）を，＜sein ＋他動詞の過去分詞＞が（状態）受動（⇒ 127 ページ）を表したのはこの理由によります。

**素朴なぎもん**
ドイツ語にも現在分詞ってあったの？

◆ **現在分詞**は，**不定詞に -d を付けて**作られ，（能動の）継続的な意味を持ちます。（しかし英語のように進行形を作るわけではありません。）

| fallen | 落ちる | ⇒ | fallen**d** | 落ちつつある |
| lachen | 笑う | ⇒ | lachen**d** | 笑っている |

例外　sein ⇒ sei**e**nd, tun ⇒ tu**e**nd

### 2 現在分詞と過去分詞の用法

CD 92

**素朴なぎもん**
分詞は，どんなふうに使うの？

◆ 形容詞と同じように，付加語的用法，名詞化，そして副詞的用法があります。

① 名詞を修飾する**付加語的用法**では，形容詞の格変化語尾（⇒ 132～133 ページ）が付きます。

das tanzend**e** Mädchen　　　　　　　　ダンスをしている少女

die gefallen**en** Blätter　　　　　　　　　落ち葉（落ちてしまった葉）

das **dort mit Peter tanzende** Mädchen
　　　　　　　　　　　　　　あそこでペーターとダンスをしている少女

die **von vielen Touristen besuchte** Stadt
　　　　　　　　　　　　　　多くの旅行者によって訪れられる町

英語とは違い，いつでも名詞の前から修飾します。

② 形容詞の名詞化（⇒ 133 〜 134 ページ）と同じ要領で，**名詞化**があります。

  ein Reisend**er**  ある（男性の）旅行者が（< reisen 旅行する）
  der Reisend**e**  その（男性の）旅行者が
  eine Verletz**te**  ある（女性の）負傷者が（< verletzen 傷つける）
  die Verletz**ten**  それらの負傷者たちが

③ 様態を表す**副詞的用法**があります。

  Die Studentin kam **lächelnd** zu mir.
    その女子学生は微笑みながら私のところへやって来た。

  Die Studentin kam **aufgeregt** zu mir.
    その女子学生は興奮して私のところへやって来た。

---

### すこし詳しい目の ＋α 情報

**未来分詞**

- 「〜されうる」（受動の可能）または「〜されねばならない」（受動の必要）という意味を表す「未来分詞」と呼ばれる分詞が存在します。

- zu ＋ 現在分詞という形をしていて，付加語的用法で用いられます。文語的表現になります。

  Das ist ein nicht **zu erfüllender** Wunsch.
    これは，叶わない（叶えられない）願いです。

  Das ist das gleich **zu bestellende** Buch.
    これは，すぐに注文すべき（注文されるべき）本です。

> 受動態の課で習った sein ＋ zu 不定詞（⇒ 128 ページ）が付加語的になった表現です。
>  Der Wunsch **ist** nicht **zu** erfüllen.  その願いは叶えられない。
>  Das Buch **ist** gleich **zu** bestellen. その本はすぐに注文されねばならない。

# Übungen

**1** 分詞の用法に注意しながら，次の文を訳しなさい。

1) Petra kam singend ins Zimmer.

2) Die verblühten Rosen im Garten wollen wir heute noch abschneiden.

3) Der dort stehende Kopierer ist sehr oft kaputt.

4) Dieses in französischer Sprache geschriebene Buch hat viele Illustrationen.

5) Der vor fünf Minuten angekommene Zug hält noch auf Gleis 2.

6) Der Zug hatte Verspätung. Die Reisende musste noch warten.

7) Der Vorsitzende des Ausschusses für Wirtschaftspolitik heißt Thomas Bäcker.

8) In Japan tragen die meisten Angestellten dunkle* Kleidung.

＊形容詞 dunkel（英dark）に -e という格変化語尾を付けると，dunkele となる。しかし，ドイツ語ではアクセントのない e を連続させるのは，言いづらいと感じられるため，dunkle のように初めの e を落とすことが多い。

# 29 接続法─概観

## 🔑 接続詞「〜と」が組み込まれている動詞の形

käme〜と

> 接続法という形で表される文は，「…と言っている」とか「…とすれば」といった具合に，「…と」のように接続的につながっていく文です。この課では，そんな接続法の全体像をまずつかみます。

### 基本のきほん

🎧 CD 93

**Peter ist krank.**
　　　　　　　　　　　　　（事実なのだが）ペーターは病気である。
事実として見ている：直説法

**Peter sei krank**
　　　　　　　　　　　　　（事実かは知らないが）ペーターが病気であると
事実か否か関知しない：接続法第1式

**Peter wäre krank**
　　　　　　　　　　　　　（事実ではないが）ペーターが病気であると
事実でないと見ている：接続法第2式

## 29 接続法—概観

### 1 直説法と接続法

**素朴なぎもん**
接続法って何のこと？

◆ **接続法**とは,「…と」ということばが最初から組み込まれている動詞の形のことを指します。「**接続的に言う方法**」なので,接続法と呼ばれると思って下さい。

◆ 「…と」が組み込まれていない**ふつうの動詞の形**(つまり今まで習ってきた形)を**直説法**と呼びます。

◆ 接続法には,第１式と第２式と呼ばれる２つの種類があります。
語形変化はこのあとで出ますが,およそ次のような語形になります。

接続法第１式：Peter **komme**　ペーターが来ると
接続法第２式：Peter **käme**　ペーターが来ると
　　直説法：Peter kommt.　ペーターが来る。

### 2 接続法第１式と第２式の語形

**素朴なぎもん**
接続法はどんなふうに作るの？

接続法第１式と第２式の語形変化

|  | 第１式 | | | 第２式 | | |
|---|---|---|---|---|---|---|
| 不定詞 | spielen | kommen | werden | spielen | kommen | werden |
| もとにする形 | spiel | komm | werd | spielte | kam | wurde |
| ich −e | spiele | komme | werde | spielte | käme | würde |
| du −est | spielest | kommest | werdest | spieltest | kämest | würdest |
| er −e | spiele | komme | werde | spielte | käme | würde |
| wir −en | spielen | kommen | werden | spielten | kämen | würden |
| ihr −et | spielet | kommet | werdet | spieltet | kämet | würdet |
| sie −en | spielen | kommen | werden | spielten | kämen | würden |

◆ **第１式は不定詞の語幹**をもとにして作られ,**第２式は過去基本形**をもとにして作られます。

◆ 第１式も第２式も語尾には**必ず e が入ってます**。

ich −**e**, du −**est**, er −**e**, wir −**en**, ihr −**et**, sie −**en**

[例外] sein の第１式の単数のみ ich **sei**, du **sei(e)st**, er **sei** となります。

## 29 接続法―概観

☑ 第2式の場合，もとにする形（過去基本形）が spielte, wurde のようにすでに -e で終わっている時には，さらに e を付ける必要はありません。つまり ich spieltee, ich würdee とはなりません。

◆ 不規則動詞の第2式は，**もとにする形（過去基本形）**の幹母音が **a, o, u** であればウムラオトします。

　　　las → ich läse　　　　mochte → ich möchte
　　　musste → ich müsste

◆ haben と sein の接続法は，最も基本的で，覚えるべきものです。

**素朴なぎもん**
必ず覚えるべき接続法の形は何？

| haben の接続法 | | sein の接続法 | |
|---|---|---|---|
| 第1式 | 第2式 | 第1式 | 第2式 |
| ich habe | ich hätte | ich sei | ich wäre |
| du habest | du hättest | du sei(e)st | du wärest |
| er habe | er hätte | er sei | er wäre |
| wir haben | wir hätten | wir seien | wir wären |
| ihr habet | ihr hättet | ihr seiet | ihr wäret |
| sie haben | sie hätten | sie seien | sie wären |

### 3 第1式と第2式の意味

🎧 CD 94

◆ 接続法第1式と接続法第2式は，文で言われる事柄が真実であるのかどうかに関して（直説法と比べて）それぞれ違った立場（見方）を表します。

**素朴なぎもん**
何のために接続法はあるの？

① **直説法**：**事実として**見ている。

　　Peter **hat** viel Geld.
　　　　　　　　　（事実なのだが）ペーターがお金をたくさん持っている。

② **接続法第1式**：**事実か否かは関知しない**。

　　Peter **habe** viel Geld
　　　　　　　　　（事実かは知らないが）ペーターがお金をたくさん持っていると

③ **接続法第2式**：**事実ではない**と見ている。

　　Peter **hätte** viel Geld
　　　　　　　　　（事実ではないが）ペーターがお金をたくさん持っていると

◆ したがって接続法第1式は**間接話法**で使う言い方になります。「事実か否かは関知しない」言い方は，例えばテレビでアナウンサーがだれかのことばを引用して，「…とのことです」，「…と言っています」のように言う場合にふさわしい言い方です（詳しくは⇒第30課）。

　　　　Die Freunde sagen, Peter **habe** viel Geld.
　　　　（事実かは知らないが）ペーターがお金をたくさん持っている**と**，友人たちは言う。

　　　☑ この場合，habe のなかに接続詞の「と」がすでに入っているので，接続詞の dass をわざわざ使わなくて済みます。

◆ 第2式は**非現実話法**で使う言い方です。「事実ではないと見る」言い方は，「もし鳥だった**と**すれば，空を飛べるのになあ」のように，現実ではないことを「…**と**すれば」のように仮定する場合にふさわしい言い方です（詳しくは⇒第30課）。

　　　　Wenn Peter viel Geld **hätte, könnte** er ein Auto kaufen.
　　　　（事実ではないが）もしもペーターがお金をたくさん持っている**と**すれば，車が買えるだろうに。

クヌート（Knut）
ベルリン動物園（2009年1月）

# Übungen

**1** 次の動詞の接続法第1式と接続法第2式の語形を書きなさい。

1) gehen

　　第1式　　　　　　　　　　　　第2式

　　ich _____　　ich _____

　　du _____　　du _____

　　er _____　　er _____

　　wir _____　　wir _____

　　ihr _____　　ihr _____

　　sie _____　　sie _____

2) können

　　第1式　　　　　　　　　　　　第2式

　　ich _____　　ich _____

　　du _____　　du _____

　　er _____　　er _____

　　wir _____　　wir _____

　　ihr _____　　ihr _____

　　sie _____　　sie _____

3) mögen

　　第1式　　　　　　　　　　　　第2式

　　ich _____　　ich _____

　　du _____　　du _____

　　er _____　　er _____

　　wir _____　　wir _____

　　ihr _____　　ihr _____

　　sie _____　　sie _____

# 30 接続法—個々の用法

## 🔑 接続法の世界に流れる2つの時間：同時（現在）と前時（以前）

第1式は間接話法，第2式は非現実話法で使うことはすでに習いました。ここでは，接続法の用法についてさらに詳しく見てみましょう。とくに同時（現在）と前時（以前）という時間の区別が鍵になります。

### 基本のきほん

単一の形＝現在のこと：「（今）持っていると」（すれば）　　　「～であろう」（英 would）

**Wenn Peter viel Geld hätte, würde er nach Japan kommen.**

もしペーターが（今）たくさんお金を持っていたら（いるとすれば），日本へ来るだろうに…。

完了の形＝以前のこと：「（あのとき）持っていたと」（すれば）

**Wenn Peter viel Geld gehabt hätte, wäre er nach Japan gekommen.**

完了の形＝以前のこと：「（あのとき）来ただろう」（になあ）　もしペーターが（あのとき）たくさんお金を持っていたら（いたとすれば），日本へ来ただろうに…。

## 30 接続法―個々の用法

### 1 同時と前時

◆ 接続法を使うときには，「**同時**」（現在）と「**前時**」（以前）という2つの時間関係のことを意識して下さい。

> ✓ いままでの現在形，過去形，未来形などという時制のことは忘れましょう。

① **同時（現在）**の接続法は，（完了の形でではなく）**単一の形**で表され，「**（今）…すると**」という意味です。

> Die Freunde sagen, Peter **habe** viel Geld.
> ペーターがお金をたくさん（今）**持っていると**，友人たちは言う。

> Wenn Peter jetzt viel Geld **hätte**, ...
> もしペーターがお金を今**持っている**とするなら，…

② **前時（以前）**の接続法は**完了の形**で表され，「**（あのとき）…したと**」という意味です。

> 以前のこと（前時）についてコメントするときは完了の形になるという話は前にもありましたね（⇒ 104～105ページ）。

> Die Freunde sagen, Peter **habe** viel Geld **gehabt**.
> ペーターがお金を（あのとき）**持っていたと**，友人たちは言う。

> Wenn Peter viel Geld **gehabt hätte**, ...
> ペーターがもしお金を（あのとき）**持っていた**とするなら，…

> 実は，英語にも同様の区別があります。非現実を表す表現は英文法では仮定法と言いましたね。この場合，次のように「もし今…とすれば」（つまり現在）と「もしあのとき…だったら」（つまり以前）のように言い分けるとき，前者は単一の形で，後者は完了の形で表しました。
>
> *If I were rich, ...*「私が（今）お金持ちであるなら」
> *If I had been rich, ...*「私が（あのとき）お金持ちであったなら」
>
> これと同じことだと思って下さい。

### 2 間接話法（第1式）

◆ **間接話法**は，接続法**第1式を用いる**のが原則です。

① 主文の「言う」などの伝達動詞と**同時**のことであれば，（完了の形ではない）**単一の形**を用います。

> (a) Maria sagt : „Ich lese dieses Buch."
> マリアは言う：「私はこの本を読む（読んでいる）。」

---

**素朴なぎもん**
接続法の時制はどうなっているの？

**素朴なぎもん**
接続法は英語の仮定法と似ているの？

**素朴なぎもん**
ドイツ語の間接話法はどんなふうに作るの？

⇒ Maria sagt, sie **lese** dieses Buch.

[第1式，同時＝単一の形]
マリアは，自分はこの本を読む(読んでいる)と言う。

☑ 本を読む時点が言った時点と同時（ないしそれ以降）なので，完了の形ではない単一の形の接続法 lese を用います。

(b) Maria hat gesagt: „Ich lese dieses Buch."

マリアは言った：「私はこの本を読む(読んでいる)。」

⇒ Maria hat gesagt, sie **lese** dieses Buch.

[第1式，同時＝単一の形]
マリアは，自分はこの本を読む(読んでいる)と言った。

☑ 上の例で，「読むと」という部分で接続詞の dass (圏 that) を用いないで，sie lese という表現ですむのは，lese という語形にすでに「…と」という意味が入っているからです。

② 主文の「言う」という伝達動詞よりも**前時**(以前)のことであれば，**完了の形**を用います。

(c) Maria sagt: „Ich las dieses Buch." / „Ich habe dieses Buch gelesen."　マリアは言う：「私はこの本を読んだ。」

⇒ Maria sagt, sie **habe** dieses Buch **gelesen**.

[第1式，前時＝完了の形]
マリアは，自分はこの本を読んだと言う。

☑ 本を読む時点が言った時点よりも以前なので，完了の形の接続法 habe gelesen を用います。

(d) Maria hat gesagt: „Ich las dieses Buch." / „Ich habe dieses Buch gelesen."　マリアは言った：「私はこの本を読んだ。」

⇒ Maria hat gesagt, sie **habe** dieses Buch **gelesen**.

[第1式，前時＝完了の形]
マリアは，自分はこの本を読んだと言った。

**素朴なぎもん**
ドイツ語には，時制の一致はないの？

◆ つまり，ドイツ語の場合，**時制の一致はありません**。そのかわりに意識するべきなのは，同時か前時かという点です。

> (a) と (b) のように，同時であれば常に単一の形の接続法を，(c) と (d) のように，「読んだ」時点が「言った」時点より前時であれば常に完了の形の接続法を用います。それ以上，考える必要はありません。

◆ 完了の形を作るときには，sein 支配の動詞は haben ではなく sein の第1式で作らねばならないことに注意しましょう。

Maria sagt, sie **sei** in den Zoo **gegangen**.

マリアは，自分は動物園へ**行った**と言った。

◆ 疑問文を間接話法にする場合，疑問詞があれば疑問詞を先頭に置き，疑問詞のない場合は ob を先頭に置きます。

☑ 副文を作るので，いずれも定動詞後置となります。

Ich frage Peter : „Wann gehst du nach Hamburg?"

私はペーターに尋ねる：「いつハンブルクへ行くの？」
定動詞後置

⇒ Ich frage Peter, **wann** er nach Hamburg **gehe**.

［第1式，同時＝単一の形］
私はペーターにいつハンブルクへ**行くのか**と尋ねる。

この場合，厳密には「同時」ではなく「行く」ほうが「尋ねる」よりも先のこと，「以降」のことですが，ドイツ語では未来のことが現在形で表現されたように，未来のことも「同時」（現在）と同じとみなします。

Ich frage Peter : „Gehst du nach Hamburg?"

私はペーターに尋ねる：「ハンブルクへ行くの？」
定動詞後置

⇒ Ich frage Peter, **ob** er nach Hamburg **gehe**.

［第1式，同時＝単一の形］
私はペーターにハンブルクへ**行くのか**と尋ねる。

接続法第1式が直説法と同じ形になってしまう場合には，接続法第2式を用いて間接話法を表します。

Maria und Peter sagen : „Wir kommen zur Party."

マリアとペーターは言う：「私たちはパーティーに行く。」

⇒ Maria und Peter sagen, sie **kämen** zur Party.

［**第2式**，同時＝単一の形］

第1式では sie kommen となり直説法と同形になってしまいます。

マリアとペーターは，自分たちはパーティーに**行くと**言う。

---

**Kleine Übungen** ミニ練習　　間接話法に直しましょう。

1）Peter sagt : „Ich spiele Tennis."
2）Peter hat gesagt : „Ich habe Tennis gespielt."
3）Peter sagt : „Maria ging nach Haus."
4）Peter fragt Maria : „Wo spieltest du Tennis?"

## 30 接続法―個々の用法

### 3 非現実話法（第2式）

CD 98

**素朴なぎもん**
非現実話法はどんなふうに作ればいいの？

◆ 実際にはあり得ないことを表現する**非現実話法**は，接続法**第2式**で表します。

◆ **現在のこと**（同時）について仮定するときには，**単一の形**を，**以前のこと**（前時）について仮定するときには，**完了の形**を用います。

    仮定部      推定部
Wenn ich Zeit **hätte**, **ginge** ich in den Zoo.
            ［第2式，現在＝単一の形］
     もし（今）時間があれば，動物園へ行くだろうに…。

Wenn ich gestern Zeit **gehabt hätte**, **wäre** ich in den Zoo **gegangen**.
            ［第2式，以前＝完了の形］
    もし昨日時間があったら，動物園へ行っただろうに…。

 ☑ wenn 文は副文なので定動詞後置となります。

◆ 推定部（「…だろうに」）は，**würde**（未来形の接続法第2式：英 would）＋**不定詞**で書き換えることができます。

Wenn ich jetzt Zeit **hätte**, **würde** ich in den Zoo **gehen**.
     もし今時間があれば，動物園へ行くだろうに…。

 ☑ 今のこと（同時）について仮定する文では，いちいち ginge とか käme とか言うよりもこの方が簡単です。いつでも würde ＋ 不定詞で済みます。

◆ 「あたかも…かのように」（英 as if ...）は，**als ob** ... または **als wenn** ... で表します。（ob も wenn も従属接続詞なので定動詞後置となります。）

Hiroshi spricht Deutsch, **als ob** er Deutscher **wäre**.
Hiroshi spricht Deutsch, **als wenn** er Deutscher **wäre**.
    ひろしはドイツ人であるかのようにドイツ語を話す。

仮定部は，wenn を省略して，いきなり V＋S（倒置）で始める表現の仕方もあります（倒置による wenn の省略）。

 **Hätte** ich jetzt Zeit, **würde** ich in den Zoo **gehen**.
  V  S
     もし今時間があれば，動物園へ行くだろうに…。

仮定部ないし推定部を独立的に用いることができます。

 Wenn ich jetzt Zeit hätte!   もし今時間があればなあ。

> Hätte ich jetzt Zeit!　　　　　　　もし今時間があればなあ。
> Ich wäre in den Zoo gegangen!　　私なら，動物園へ行ったでしょうに。

**Kleine Übungen　ミニ練習**　かっこ内に適語を入れましょう。

1) Wenn ich jetzt noch jung (　　　　), (　　　　) ich es noch einmal versuchen.
   もし私が今まだ若ければ，それをもう一度試みるだろうに…。

2) Wenn ich damals noch jung (　　　　) (　　　　), (　　　　) ich es noch einmal versucht.
   もし私があのときまだ若かったら，それをもう一度試みただろうに…。

## 4　要求話法（第1式）と婉曲話法（第2式）

◆ その他に，接続法には，要求や祈願を表す要求話法と，遠慮がちな表現の婉曲話法とがあります。

**素朴なぎもん**
そのほかにどんな用法があるの？

① **要求話法**：「…でありますように（と私は切に願う）」を表す。接続法第1式が用いられます。

　　Man **nehme** täglich eine Tablette.
　　　　　　　　　　　一日一錠服用するように。［薬の服用法の説明文］

　　Gott **möge** ihn segnen!　　　　神が彼を祝福しますように…。
　　└─ mögen の第1式

　　✓ 英語の *God may bless him*. と同じことです。

② **婉曲話法**（外交話法）

実際には不可能ではないのに不可能であるかのように装って，控えめに，遠慮がちに表現します。接続法第2式が使われます。

　　**Würden** Sie mir den Weg zum Bahnhof sagen?
　　└─ 英 *Would you*　　駅への行き方を教えていただけるでしょうか。

　　**Könnten** Sie es mir noch einmal sagen?
　　└─ 英 *Could you*　　それをもう一度言っていただけますか。

　　Ich **möchte** gern mit dir tanzen.
　　└─ mögen の第2式　　私はあなたとダンスをしたいのですが…。

　　Ich **hätte** eine Frage.　　　　私は質問があるのですが…。

## Übungen

**1** かっこ内の意味になるように，下線部に適切な語を入れて，非現実話法の文を作りなさい。

1) Wenn ich jetzt genug Geld _____, _____ ich mit dir nach Europa fahren.
（もし私が今十分なお金を持っているなら，君と一緒にヨーロッパへ行くだろうに…。）

2) Wenn ich damals genug Geld _____, _____ ich mit dir nach Europa _____.
（もし私があのとき十分なお金を持っていたなら，君と一緒にヨーロッパへ行っただろうに…。）

**2** 間接話法に直しなさい。

1) Maria sagt: „Ich bin sehr krank."

2) Maria sagt: „Ich war sehr krank."

3) Peter hat gestern gesagt: „Ich hatte lange Fieber."

4) Peter hat mich gefragt: „Warum sind Sie nach Frankfurt gefahren?"

**3** 次の文を日本語に訳しなさい。

1) Was würden Sie machen, wenn Sie 10 000 Euro hätten?

2) Könnten Sie mir bitte den Weg zum Hauptbahnhof sagen?

**4** 次の文をドイツ語に訳しなさい。

1) Müller氏は，それを3年前にすでに聞いて（erfahren）いたと言っている。

2) そのドイツ人（女性）は，あたかも日本人であるかのように，日本語を話す。

3) もし昨日天気（Wetter）がよか（schön）ったら，ボーデン湖（der Bodensee）へ行っただろうに…。

## 附録

語順のまとめ

解答例

主な不規則動詞の変化表

# 語順のまとめ

**1** 不定詞句／**zu** 不定詞句：

動詞（不定詞）が最後に置かれる。

am Sonntag mit dir ins Kino [zu] gehen

日曜日に君と映画に行く［こと］

**2** 定動詞の位置

1) 定動詞正置（S ＋ V の語順）：

Er lernt Deutsch.
S   V

2) 定動詞倒置（V ＋ S の語順）：

（a）主語以外の要素が文頭にある場合

Deutsch lernt er.
          V   S

（b）疑問文の場合

Was lernt er?
     V   S

Lernt er Deutsch? ←日本語の語順に近い
V    S

3) 定動詞後置（S ＋ ... ＋ V の語順）

（a）従属接続詞（wenn，weil，als など）に導かれた文

Sie kann nicht kommen, **weil** sie krank ist.
                                       S         V

（b）間接疑問文

Wissen Sie, **wo** der Student jetzt wohnt?
                         S            V

（c）関係文

Ich habe einen Freund, **der** sehr gut Englisch spricht.
                             S                        V

### 3　3格目的語と4格目的語の語順

1）両方とも名詞の場合：3格＋4格

　　Sie kauft dem Sohn das Buch.
　　　　　　　3格　　　4格

2）片方が代名詞の場合：代名詞 が先行

　　Er kauft ihm das Buch.

　　Er kauft es heute dem Sohn.

3）両方とも代名詞の場合：4格＋3格

　　Er kauft es ihm heute.
　　　　　　4格 3格

### 4　文末要素

1）述語名詞・形容詞（C），目的語（O）など，定動詞と結びつきの強い要素ほど後方へ来る。

　　Ich bin schon zehn Jahre lang Lehrer.　（S + V + ... + C）
　　　　　　　　　　　　　　　　　C

　　Ich bin seit gestern krank.
　　　　　　　　　　　　C

　　Ich sehe heute Nachmittag deinen Bruder.　（S + V + ... + O）
　　　　　　　　　　　　　　　　O

　　☑　ただし 代名詞 であるときには前方へ（定動詞の直後へ）。

　　Ich sehe ihn heute Nachmittag.

　　Ich gehe heute zur Schule.

　　Ich wohne jetzt in Kioto.

2）ワク構造

　　(a) 助動詞 + ... + 本動詞 （文末）

　　完了形：Wir haben gestern das Museum besichtigt .
　　　　　　　　　　　　　　ワク構造　　　　　　　　　　（過去分詞）

話法の助動詞：Ich <u>kann</u> sehr gut Klavier spielen . （不定詞）
　　　　　　　　　　└──────ワク構造──────┘

未来形：Peter <u>wird</u> sich darüber freuen . （不定詞）
　　　　　　　　　└──────ワク構造──────┘

受動態：Ich <u>werde</u> vom Lehrer gelobt . （過去分詞）
　　　　　　　　└──────ワク構造──────┘

(b) 分離動詞（主文での定動詞となるとき）

Du <u>stehst</u> heute um sieben auf . （前つづり）
　　　└──────ワク構造──────┘

### 5　nicht の位置

1）部分否定：否定したい語句の直前に

　　Peter hat nicht heute Geburtstag, sondern morgen.

2）全文否定

　（a）文末要素の直前に

　　　　Ich bin jetzt gar nicht krank .

　　　　Ich gehe heute nicht zur Schule .

　　　　Peter wird darüber nicht freuen .

　　　　Ich werde vom Lehrer nicht gelobt .

　　　　　✓　ただし，目的語よりは後に：

　　　　　　　Wir besichtigen das Museum nicht.

　（b）その他の場合には文末に

　　　　Peter freut sich darüber nicht.

　　　　Der Lehrer lobt mich nicht.

# 解　答　例

## 第1課

ミニ練習　7ページ

1) **ベー・ハー**　2) **ベー・エム・ヴェー**　3) **イー・ツェー・エー**
4) **エー・ウー**　5) **ツェー・デー**　6) **ウー・エス・アー**

## 第2課

Übungen　15ページ

**1**

1) **シュプ**ール（シュプーア）　解説 語頭の sp- は［シュプ］。
2) **ベ**ルク（**ベ**アク）　解説 語末の b, d, g は濁らない。
3) **ゲ**レンデ
4) **ヤ**ケ
5) **ザ**ーネ　解説 母音の前の s は濁る。
6) **フォ**ーゲル　解説 v は [f] の発音。
7) **ア**ルバイト
8) **バ**オムクーヘン　解説 a, o, u, au のあとの ch はのどの奥をこする。
9) **メ**ールヒェン（**メ**アヒェン）　解説 ä は日本語の［エ］。ch は a, o, u, au 以外の音のあとは前方で鋭く発音。
10) **バ**ハ　解説 a のあとの ch はのどの奥で。
11) **モ**ーツァルト　解説 z は［ツ］。
12) **ヘ**ンデル
13) フ**ロ**イト　解説 eu は［オイ］。
14) **ア**インシュタイン　解説 ei は［アイ］。
15) ミヒャエル・**エ**ンデ
16) **レ**ーヴェンブロイ　解説 ö は［オ］の口で［エ］を言う。äu は［オイ］。
17) **フ**ースバル　解説 ß は［ス］。
18) **カ**ーン　解説 母音のあとの h は長音の印。
19) **ミュ**ンヒェン
20) **ハ**ンブルク（**ハ**ンブアク）
21) **ヴィ**ーン　解説 w は [v]。
22) **ラ**イプツィヒ　解説 語末の -ig は［イヒ］。
23) **チュ**ーリヒ
24) **ザ**ルツブルク　解説 語末の b, d, g は濁らない。

**2**

1) **グーテン・モルゲン**（**モ**アゲン）
2) **グーテン・タ―ク**　解説 語末の b, d, g は濁らない。
3) **グーテン・ア―ベント**　解説 語末の b, d, g は濁らない。
4) **グーテ・ナ**ハト　解説 a, o, u, au のあとの ch はのどの奥をこする。
5) **ダンケ・シェーン　ビテ・シェーン**　解説 ö は［オ］の口で［エ］を言う。
6) **ア**オフ・**ヴィーダ**ーゼーエン　解説 w は [v], ie は［イー］，母音の前の s は濁る。
7) **ヴィー・ゲート・エス・イーネン　ダンケ・グート。ウント・イーネン**
    解説 w は [v], ie は［イー］，母音のあとの h は長音の印。語末の b, d, g は濁らない。

**3**

1) **アインス**　解説 ei は［アイ］。
2) **ツヴァイ**　解説 z は［ツ］，ei は［アイ］。
3) **ドライ**
4) **フィーア**（**フィール**）　解説 v は [f] の発音。
5) **フュンフ**
6) **ゼクス**　解説 母音の前の s は濁る。chs は［クス］。
7) **ズィーベン**　解説 母音の前の s は濁る。
8) **ア**ハト　解説 a, o, u, au のあとの ch はのどの奥をこする。
9) **ノイン**　解説 eu は［オイ］。
10) **ツェーン**　解説 z は［ツ］。母音のあとの h は長音の印。

## 第3課

**ミニ練習**　17 ページ

1) ich denke,　　du denkst,　　er denkt,
    イヒ・デンケ．　ドゥー・デンクスト．　エア・デンクト．

    wir denken,　　ihr denkt,　　sie denken
    ヴィーア・デンケン．　イーア・デンクト．　ズィー・デンケン

2) ich trinke,　du trinkst,　er trinkt,　wir trinken,　ihr trinkt,　sie trinken
    トリンケ．　　トリンクスト．　トリンクト．　　トリンケン．　　トリンクト．　　トリンケン

3) ich gehe,　du gehst,　er geht,　wir gehen,　ihr geht,　sie gehen
    ゲーエ．　　ゲースト．　　ゲート．　　ゲーエン．　　ゲート．　　ゲーエン

4) ich spiele,　du spielst,　er spielt,　wir spielen,　ihr spielt,　sie spielen
    シュピーレ．　シュピールスト．　シュピールト．　シュピーレン．　シュピールト．　シュピーレン

5) ich wohne,　du wohnst,　er wohnt,　wir wohnen,　ihr wohnt,　sie wohnen
    ヴォーネ．　　ヴォーンスト．　ヴォーント．　　ヴォーネン．　　ヴォーント．　ヴォーネン

6) ich sage, du sagst, er sagt, wir sagen, ihr sagt, sie sagen
　　　ザーゲ，　　ザークスト，　　ザークト，　　ザーゲン，　　ザークト，　　ザーゲン

(解説) sagst, sagt の g は語末ではないが，無声の子音 s, t の前にあるので濁らずに［ク］となる (⇒ 12 ページ⑤-1))。また，a はそのあとに 2 つ子音字が来ているが，元の不定詞 sagen の a が長音であるのが温存されて長く発音される。

## ミニ練習　19 ページ

1) ich finde, du findest, er findet, wir finden, ihr findet, sie finden
2) ich warte, du wartest, er wartet, wir warten, ihr wartet, sie warten
3) ich tanze, du tanzt, er tanzt, wir tanzen, ihr tanzt, sie tanzen

## ミニ練習　19 ページ

1) Du hast Hunger. Er hat Hunger. Wir haben Hunger. Ihr habt Hunger. Sie haben Hunger.
2) Du bist jung. Er ist jung. Wir sind jung. Ihr seid jung. Sie sind jung.

## Übungen　21 ページ

**1**
1) komme（私は東京の出身です。）
2) spielst（君はテニスをする。）
3) tanzt（君はここでダンスをする。）
4) hat（彼は時間がある。）
5) trinkt（彼はワインを飲む。）
6) sind（私たちは健康です。）
7) bin（私は日本人です。）
8) bist（君は大学生です。）
9) sagt（君たちは「はい」と言う。）
10) arbeitest（君はベルリンで働いている。）　(解説) ドイツ語には現在進行形という形はなく，現在形が現在進行形の意味も表す。文脈でどちらであるかを判別する。

**2**
1) Er wohnt in Tokio.
2) Wir haben Geld.
3) Sie ist Lehrerin.　(参考)「彼は教師です」の場合は，Er ist Lehrer. のように「教師」が男性の形になる。
4) Ich spiele Fußball.
5) Ich warte hier.

## 第4課

**ミニ練習**　24ページ

1) 私は京都に住んでいるが，あなた（たち）は東京に住んでいる。
2) 私は京都に住んでいるが，彼ら（彼女ら）は東京に住んでいる。
3) 私は京都に住んでいるが，彼女は東京に住んでいる。

**Übungen**　25ページ

**1**

1) arbeitet, reist　（マリアはニューヨークで働いている。彼女はよく旅行をする。）
2) arbeiten, reisen　（マイアー氏とシュミット氏は東京で働いている。彼らもよく旅行をする。）　解説　主語がマイアー氏とシュミット氏なので，3人称複数の「彼ら」の扱いとなり，動詞は arbeiten となる。
3) wohne, wohnen　（私は横浜に住んでいて，あなた［たち］は千葉に住んでいる。）
4) sind, spielen　（ペーターとオリヴァーは若い。彼らはサッカーをするのがとても好きだ。）　解説　gern は「好んで，喜んで」という意味の副詞であるが，「好んで〜する」という表現は日本語では「〜するのが好きだ」と訳した方がわかりやすい。
5) ist, arbeitet　（アンゲーリカはまだ若い。彼女は，とても一生懸命に働く。）

**2**

1) Sie sprechen Deutsch.
2) Du arbeitest fleißig.
3) Maria spielt Klavier. Sie spielt auch Geige.　解説　Klavier は［クラヴィーア］と発音します。v が [f] ではなく [v] として発音される例です（⇒ 14ページ）。
4) Frau Müller und Frau Vogel wohnen in Düsseldorf. Sie lernen Japanisch.

## 第5課

**ミニ練習**　28ページ

1) Trinkt Peter hier Wein?　解説　疑問文なので，V+S（倒置）。
2) Wo trinkt Peter Wein?
3) Hier trinkt Peter Wein.　解説　文頭に主語以外の要素が来れば，V+S（倒置）。

**Übungen**　29ページ

**1**

1) heißen Sie　あなたは何という名前ですか。──私はタカダ・ショウゴという名前です。　解説　heißen は「〜という名前である」という意味の動詞。
2) Studiert er　彼は京都で法学を専攻していますか。──はい，彼はそこで法学を専攻しています。　解説　studieren は「（大学で）専攻している」という意味の動詞。

lernen は語学などを「学ぶ」という意味。
3) Trinkst du, trinke ich　君はワインを飲みますか。――いいえ，今は私はビールを飲みます。
4) arbeitet ihr　君たちはどこで働いていますか。――私たちは福岡で働いています。
5) Reisen Peter und Maria, sie reisen　ペーターとマリアはよくオーストリアへ旅行しますか。――はい，彼らはよくオーストリアへ旅行します。　(解説) nach は前置詞で，国名・地名と一緒に使って「～へ」という方向を表す。

**2**
1) Wo wartet Maria? — Sie wartet hier.
2) Heute bin ich krank.　(解説) 文頭に主語以外の要素が来れば，V+S（倒置）。
3) Was sagen sie?
4) Wohnt sie in München? — Ja, sie wohnt in München.

### 第6課

**ミニ練習**　31ページ

1) 男性　2) 女性　3) 中性

**Übungen**　32ページ

1) 男性名詞，Gärten（無語尾式）
2) 女性名詞，Brillen（[E]N式）
3) 男性名詞，Hunde（E式）
4) 中性名詞，Häuser（ER式）
5) 女性名詞，Kameras（S式）
6) 女性名詞，Jacken（[E]N式）
7) 男性名詞，Computer（無語尾式）
8) 女性名詞，Städte（E式）
9) 中性名詞，Fahrräder（ER式）
10) 男性名詞，Schirme（E式）
11) 女性名詞，Schwestern（[E]N式）
12) 中性名詞，Handys（S式）

### 第7課

**ミニ練習**　36ページ

1) der Hund　　　　die Hunde　　　2) das Kind　　　　die Kinder
　 des Hund(e)s 　 der Hunde 　　　　 des Kind(e)s 　　 der Kinder
　 dem Hund　　 　den Hunde**n**　　　 dem Kind　　　　 den Kinder**n**
　 den Hund　　　　die Hunde　　　　　 das Kind　　　　 die Kinder

3) die Brille　　　die Brillen　　　4) der Lehrer　　　die Lehrer
　 der Brille　　　der Brillen　　　　　 des Lehrers　　　der Lehrer
　 der Brille　　　den Brillen　　　　　 dem Lehrer　　　 den Lehrer**n**
　 die Brille　　　die Brillen　　　　　 den Lehrer　　　 die Lehrer

ミニ練習　36 ページ

1) 私たちは，母親に感謝する。
2) 私は，（その）子供に［中性3格］（その）時計を［女性4格］プレゼントする。
3) 私たちは，（それらの）教師たちに［複数3格］宿題を［複数4格］見せる。
4) （その）教師の［男性2格］家は［中性1格］，大きい。

Übungen　38 ページ

**1**

1) <u>Das</u> Kind［中性1格］sucht <u>den</u> Hund［男性4格］．　その子供はその犬を探す。
2) Heute ist Sonntag. <u>Die</u> Kinder［複数1格］spielen Fußball.　今日は日曜日だ。その子供たちはサッカーをする。
3) Der Lehrer zeigt heute <u>den</u> Schülern［複数3格］<u>die</u> Bibliothek［女性4格］．　その教師は，今日その生徒たちにその図書館を見せる。
4) Wie ist <u>der</u> Name［男性1格］<u>des</u> Hundes［男性2格］？ <u>Der</u> Hund［男性1格］heißt Bello.　その犬の名前は何と言いますか。——その犬はベロという名前です。
5) Maria ist <u>der</u> Mutter［女性3格］sehr ähnlich.　マリアは母にとても似ている。
　(解説) ähnlich は「～に似ている」という意味の形容詞で，3格と一緒に使う。
6) <u>Die</u> Jacke［女性1格］gehört <u>der</u> Frau［女性3格］．　そのジャケットは，その女性のものだ［その女性に所属する］。

**2**

1) Ich kenne die Frauen gut.（私はその女性たちをよく知っている。）　(解説) gut は「よく」。（形容詞はそのままの形で，副詞になる！）
2) Die Schüler verstehen die Sätze.（生徒たちはそれらの文章を理解する。）
　(解説) 主語が複数形になると「彼ら」に相当するので，動詞の語尾が verstehen になる。

**3**

1) Ich danke den Lehrern.　(解説) 複数3格なので Lehrer のあとに語尾 -n が必要。
2) Kennst du den Vater des Kind(e)s?　(解説) 2格は後ろからかかる。
3) Wir schenken der Mutter die Blumen.

## 第 8 課

ミニ練習　41 ページ

| | | |
|---|---|---|
| 1) solcher Tag | solche Tage | 2) jede Tochter |
| solches Tag(e)s | solcher Tage | jeder Tochter |
| solchem Tag | solchen Tagen | jeder Tochter |
| solchen Tag | solche Tage | jede Tochter |

3) welches Buch　　　　welche Bücher　　　　4) alle Töchter
　 welches Buch(e)s　　welcher Bücher　　　　   aller Töchter
　 welchem Buch　　　　welchen Büchern　　　　  allen Töchtern
　 welches Buch　　　　welche Bücher　　　　    alle Töchter

## ミニ練習　41 ページ

1) es（このケータイは新しいですか。——はい，それはとても新しいです。）
　[解説] 主語は中性名詞。
2) sie（これらの本は高いですか。——はい，それらは高いです。）　[解説] 主語は複数名詞。
3) sie（このドアは壊れていますか。——はい，それは壊れています。）　[解説] 主語は女性名詞。
4) er（この帽子は大きいですか。——はい，それは大きいです。）　[解説] 主語は男性名詞。

## Übungen　43 ページ

**1**

1) dieser［男性1格］　この車は新しいですか。——はい，それはまだ新しいです。
2) Jeder［男性1格］, dieser［女性2格］　このクラスのどの生徒も，とても活動的だ。
3) Manche［複数1格］, solche［複数4格］　何人もの人々がそのような本を読む。
4) allen［複数3格］　教師は，すべての生徒たちに文法を説明する。
5) Welcher［女性3格］, diese［女性1格］, dieser［女性3格］　このカメラはどの女性のものですか。——それはこの女性のものです。　[解説] gehören は3格と一緒に用いて「～に所属する」，つまり「～のものだ」という意味を表す（⇒ 38 ページ Übungen 1, 6））。
6) diese［女性4格］　私はこの女性教師に質問をする。　[解説] fragen は日本語で考えると「～に尋ねる」なので，3格と一緒に使いたくなるが，4格と使う。このように，日本語とは一致しない例も少なくない（⇒ 42 ページ）。
7) Jede［女性4格］　毎週，その教授は東京へ来る。　[解説] jede Woche は「毎週」（㊥ every week）という意味で，「副詞的4格」。4格だが「～を」という意味ではない（⇒ 40 ページ）。
8) Dieses［中性4格］　今年，私はイタリアへ行く。　[解説] dieses Jahr は「今年」（㊥ this year）という意味で，「副詞的4格」。4格だが「～を」という意味ではない。Italien は［イターリエン］と発音する（ie を［イー］と発音しない）。

**2**

1) Ist diese Uhr teuer? — Ja, sie ist teuer.　[解説] Uhr は女性名詞なので，「それは」が sie となる。

2) Jeder Student dieser Universität ist fleißig.　解説 2格の dieser Universität は後ろから Student にかかる。jeder は英語の *every* と同様に単数扱い。
3) Dieses Jahr besuchen wir diese Stadt. または Wir besuchen dieses Jahr diese Stadt.　解説 dieses Jahr を文頭においた場合は，V+S（倒置）となる。
4) Ich kenne den Vater dieses Kind(e)s.

第9課

ミニ練習　45ページ

1) ein Monat
   eines Monat(e)s
   einem Monat
   einen Monat

2) ein Auto
   eines Autos
   einem Auto
   ein Auto

3) eine Blume
   einer Blume
   einer Blume
   eine Blume

4) ein Hund
   eines Hund(e)s
   einem Hund
   einen Hund

ミニ練習　47ページ

1) dein Hund        deine Hunde
   deines Hund(e)s  deiner Hunde
   deinem Hund      deinen Hunden
   deinen Hund      deine Hunde

2) unser Haus       unsere Häuser
   unseres Hauses   unserer Häuser
   unserem Haus     unseren Häusern
   unser Haus       unsere Häuser

3) Ihre Tochter     Ihre Töchter
   Ihrer Tochter    Ihrer Töchter
   Ihrer Tochter    Ihren Töchtern
   Ihre Tochter     Ihre Töchter

4) kein Tisch       keine Tische
   keines Tisches   keiner Tische
   keinem Tisch     keinen Tischen
   keinen Tisch     keine Tische

Übungen　48ページ

**1**

1) ein<u>e</u>［女性4格］，ein<u>en</u>［男性4格］　私は一人の姉(妹)と一人の兄(弟)がいる。
2) Mein<u>×</u>［男性1格］　私の兄(弟)は，毎朝ジョギングをする。　解説 jeden Morgen は英語の *every morning* に相当し，「毎朝」という意味。副詞的4格。
3) mein<u>em</u>［男性3格］　その車は，私の父のものだ。　解説 gehören は3格と一緒に用いて「～に所属する」，つまり「～のものだ」という意味を表す。
4) ihr<u>em</u>［男性3格］　その女子生徒は，彼女の先生に答える。
5) mein<u>em</u>［男性3格］　私は，私の祖父に似ている。
6) Ihr<u>em</u>［男性3格］　私たちは，あなた(たち)のお父さんに感謝する(お礼を言う)。
7) Kein<u>e</u>［女性1格］，ein<u>e</u>［女性1格］　返事がないのもまたひとつの返事だ。
8) sein<u>er</u>［女性3格］　息子は，彼の母親を手伝う。　解説 helfen は日本語で考えると「～を手伝う(助ける)」なので，4格と一緒に使いたくなるが，3格と使う。

このように，日本語とは一致しない例も少なくない（⇒ 42 ページ）。

**2**
1) Das ist sein Wörterbuch.（それは，誰の辞書ですか。それは，彼の辞書です。）
   〔解説〕wessen は wer の 2 格で，「誰の？」という意味。Wessen Wörterbuch ist das? の das は，定冠詞ではなくて「それ」という意味の指示代名詞である（英語だと that に相当）。
2) Wir schenken unserem Vater diese Blumen.（君たちは誰にこれらの花をプレゼントしますか。私たちは，私たちのお父さんにこれらの花をプレゼントします。）
   〔解説〕wem は wer の 3 格で，「誰に？」という意味。

**3**
1) Ich kenne ihre Schwester gut.
2) Seine Kinder haben jetzt Sommerferien.
3) Welche Farbe hat Ihr Auto?

## 第 10 課

**ミニ練習**　50 ページ

1) Das ist nicht meine Uhr.（それは，私の時計ではない。）
2) Wir haben keinen Bruder.（私たちは兄弟がいない。）
3) Ich habe jetzt kein Fieber.（私は今，熱がない。）　〔解説〕Fieber は中性名詞なので kein。

**Übungen**　52 ページ

**1**
1) Wir haben keinen Hunger.（私たちは空腹ではない。）　〔解説〕「空腹を持たない」というように Hunger を 4 格で用いる。（男性名詞なので keinen）。
2) Er ist nicht der Sohn dieses Lehrers.（彼は，この教師の息子ではない。）
3) Ich habe keinen Bruder.（私には兄弟がいない。）
4) Meine Mutter kauft jetzt keine Kamera.（私の母は，今カメラを買わない。）

**2**
1) Nein, ich bin nicht müde. または，Nein, wir sind nicht müde.
   （あなた［たち］は，疲れていますか。──いいえ，私［たち］は疲れていません。）
2) Nein, ich lese dieses Buch nicht. または，Nein, wir lesen dieses Buch nicht.
   （あなた［たち］は，この本を読みますか。──いいえ，私［たち］はこの本を読みません。）
3) Nein, sie hat heute keine Zeit.（ペトラは今日時間がありますか。──いいえ，彼女は今日時間がありません。）　〔解説〕Zeit は女性名詞なので keine。

4) Nein, ich habe keinen Durst.（君はのどが乾いていないのですか。――はい，私はのどが渇いていません。）　解説 「のどの渇きを持たない」というように Durst を 4 格で用いている（男性名詞なので keinen）。否定疑問文に対する Nein は「はい」と訳す。

**3**
1) Kommen Sie morgen? ― Nein, ich komme morgen nicht.
2) Ich habe jetzt kein Kleingeld.　解説 Kleingeld は中性なので kein。
3) Dieses Fahrrad gehört meiner Mutter nicht.
4) Ich habe keine Schwester.

## 第11課

**ミニ練習**　55 ページ

1) ich schlafe, du schläfst, er schläft, wir schlafen, ihr schlaft, sie schlafen
2) ich esse, du isst, er isst, wir essen, ihr esst, sie essen　解説 語幹が s で終わるので du のときに語尾は -st でなく -t が付けられる（⇒ 18 ページ）。
3) ich helfe, du hilfst, er hilft, wir helfen, ihr helft, sie helfen
4) ich lese, du liest, er liest, wir lesen, ihr lest, sie lesen　解説 語幹が s で終わるので du のときに語尾は -st でなく -t が付けられる。
5) ich gebe, du gibst, er gibt, wir geben, ihr gebt, sie geben　解説 du gibst [ギープスト]，er gibt [ギープト] のように発音は [イー] と長いが，この語については例外的に ie でなく i と書く。

**Übungen**　56 ページ

**1**
1) Spricht　ペーターは日本語を話しますか。
2) liest, lese　君は何を読むのが好きですか。―― 私はマンガを読むのが好きです。
3) isst, esse　君は何を食べるのが好きですか。―― 私は野菜を食べるのが好きです。
4) Fährt　マリアは今日ミュンヘンへ（乗り物で）行きますか。
5) Hilfst, helfe　君は毎日君のお母さんの手伝いをしますか。―― はい，私は毎日私のお母さんの手伝いをします。
6) wird　ペーターはきっと健康になる。
7) nimmt　彼の父は，タクシーに乗る。
8) Siehst, sehe　君は塔（タワー）が見えますか。―― はい，私はそれが見えます。
9) Gibst　君は私に一杯のコーヒーをどうか（出して）くれますか。　解説 疑問文の中に bitte を入れると依頼の表現となる。

**2**
1) Das Kind schläft gut.

2) Ich lese gern dieses Buch.
3) Spricht Ihre Mutter Englisch?

## 第 12 課

**ミニ練習** 59 ページ

1) Kaufen Sie diese Uhr! / Kauft diese Uhr! / Kauf(e) diese Uhr! （この時計を買って下さい。）
2) Sprechen Sie laut! / Sprecht laut! / Sprich laut! （大きな声で話して下さい。）

**Übungen** 60 ページ

**1**
1) Trinken Sie Milch! / Trinkt Milch! / Trink Milch! （牛乳を飲んで下さい。）
2) Schreiben Sie einen Brief! / Schreibt einen Brief! / Schreib einen Brief! （手紙を書いて下さい。）
3) Seien Sie vorsichtig! / Seid vorsichtig! / Sei vorsichtig! （注意して下さい。）
4) Schlafen Sie gut! / Schlaft gut! / Schlaf gut! （よく眠って下さい。）
5) Nehmen Sie dieses Medikament! / Nehmt dieses Medikament! / Nimm dieses Medikament! （この薬を飲んで下さい。）
6) Warten Sie hier! / Wartet hier! / Warte hier! （ここで待っていて下さい。）

**2**
1) Rauchen Sie hier nicht!
2) Bleibt heute zu Haus!　(解説) zu Haus は英語の *at home*。
3) Vergiss den Schirm nicht!
4) Schwimmen wir zusammen!　(解説) 英語の *Let's* に相当する表現は，-en wir! のように表現する（⇒ 59 ページ）。
5) Kommen Sie morgen!

## 第 13 課

**Übungen** 64 ページ

**1**
1) sie　あなたは市電に乗りますか。── はい，私はそれに乗ります。
2) sie, ihr　この時計は女子学生のものですか。── いいえ，それは彼女のものではありません。
3) ihn ihr　君は君の姉(妹)にこの万年筆をあげますか。── はい，私は彼女にそれをあげます。　(解説) 人称代名詞が目的語でふたつ来るときは，4 格 + 3 格の順番になる。

**2**

1) Er kommt zu ihm.（彼は彼のところへ行く。）
2) Sie gefällt ihr.（それは彼女の気に入る。）
3) Heute besuche ich sie.（今日，私は彼女を訪れる。）
4) Nimm es!（それに乗りなさい。）
5) Der Vater schenkt sie ihnen.（父は彼らにそれらを与える。） 解説 seinen Kindern（彼の子供たちに）は ihnen に，diese Spielzeuge（これらのおもちゃを）は sie になるが，人称代名詞が目的語でふたつ来るときは，4格＋3格の順番になるので，sie ihnen という並び方になる。

**3**

1) Ich schenke dir dieses Buch.
2) Heute sehen wir ihn.
3) Ich verstehe Sie nicht.

### 第 14 課

**Übungen**　68 ページ

**1**

1) 今，何時ですか。── 今はもう 11 時です。　解説 wie spät（どれくらい遅い）という表現で，「何時？」という意味になる。
2) ここ(当地)はいつも寒い。ここには夏がない。
3) まもなく夏になる。そうしたら，私たちは一緒に泳ごう。
4) 日本からドイツまで飛行機でどれくらい時間がかかりますか。　解説 wie lange は英語の *how long*。
5) 君はボンでドイツ語・ドイツ文学を学んでいます。ボンにはひとつの大学しかありませんか。
6) 11 時半です。まもなく昼食だ。今日は学生食堂で何がある（出る）のかな。

**2**

1) Heute gibt es keinen Unterricht.
2) Es wird Frühling und warm.
3) Jetzt schneit es.
4) Jetzt ist es zehn Uhr dreißig / halb elf.
5) Wie geht es dir?

### 第 15 課

**ミニ練習**　71 ページ

1) mit <u>dem</u> Bus, zu <u>der</u> Schule　（私はバスで学校へ行く。）

2) in das Restaurant　（私は今レストランへ行く。）
3) nach dem Essen　（食事のあとにコーヒーをいれて下さい。）
4) Während der Sitzung　（会議の間，禁煙です。）
5) vor dem Spiegel　（マリアは鏡の前に立っている。）　(解説) stehen は「立つ」ではなく，「立っている」という意味。

## ミニ練習　72 ページ

1) auf ihn　どうかここで彼を待っていて下さい。
2) mit meinem Referat　私は，私のレポートに満足している。　(解説) mit et.³ zufrieden sein「～に満足している」（⊛ be satisfied with ～）。
3) für deine Freundlichkeit　私は君の親切に感謝する。　(解説) j³ für et.⁴ danken「人に～のことを感謝する」（⊛ thank ～ for ～）。

## Übungen　75 ページ

**1**

1) in der Tasche　（私の鍵はどこですか。── 君の鍵はカバンの中にあります。）
2) ohne mich, ins Kino (in das Kino)　（君たちは私なしで映画に行くの。）
   (解説) 方向を表すので in のあとは 4 格を選ぶ。
3) mit dem Zug　（私は列車でミュンヘンへ行く。）
4) Trotz des Regens, an die See　（雨にもかかわらず，私たちは今日海へ行く。）
   (解説) 方向を表すので an のあとは 4 格を選ぶ（海や川などは an を用いる）。
5) seit einem Monat, bei seinem Onkel　（トーマスは，1 ヶ月前から彼のおじさんのところに住んでいる。）
6) auf den Tisch　（その本をテーブルの上へ置いて下さい。）　(解説) 方向を表すので auf のあとは 4 格を選ぶ。
7) hinter der Tür　（母は，ドアの後ろに立っている。）　(解説) 場所（位置）を表すので hinter のあとは 3 格を選ぶ。
8) für Ihre Hilfe　（私はあなた［たち］に，あなた［たち］の助けのことにお礼を言う［お手伝いどうもありがとう］。）

**2**

1) Die Studenten kommen aus dem Theater.
2) Er wartet jetzt auf den Bus.
3) Das ist das Handy von Peter. Damit telefoniert er immer mit ihr.

## 第 16 課

### ミニ練習　78 ページ

1)　ich interessiere mich　　wir interessieren uns
　　du interessierst dich　　ihr interessiert euch
　　er interessiert sich　　　sie interessieren sich

2)　ich erinnere mich　　wir erinnern uns
　　du erinnerst dich　　ihr erinnert euch
　　er erinnert sich　　　sie erinnern sich

　　(解説) erinnern は不定詞の語尾が −en ではなく −n だけの動詞です。

### Übungen　80 ページ

**1**

1) Du erinnerst dich an die Heimat.（君は故郷のことを思い出す。）
2) Ich freue mich auf die Reise.（私は旅行を楽しみにしている。）
3) Wir erkälten uns oft.（私たちはよく風邪を引く。）

**2**

1) 椅子に座って下さい。　(解説) sich⁴ setzen は「座る」という意味。
2) マリアは，ウェイターのことを怒っている。彼は非常に不親切だ。　(解説) sich⁴ über et.⁴ ärgern は「〜に腹を立てる」という意味。
3) ここで 4 時にまた会いましょう。
4) 今私はこの仕事に従事している。　(解説) sich⁴ mit et.³ beschäftigen「〜に従事する」。
5) 気分（具合）がよくないですか。—— はい，私は気分がよくないです。
　(解説) sich⁴ wohl fühlen は「気分がいい」という意味。
6) お客さんたちは，互いに友好的に挨拶し合う。　(解説) ここでの sich は「お互い」を表す（再帰代名詞の相互的用法⇒ 79 ページ）。

**3**

1) Ich freue mich über ihren Besuch.
2) Die Kinder freuen sich auf Weihnachten.
3) Meine Großmutter erinnert sich oft an den Krieg.
4) Ich interessiere mich für Astronomie.

## 第 17 課

### ミニ練習　82 ページ

1) hier Tennis spielen
2) in der Bibliothek dieses Buch lesen
3) fleißig Deutsch lernen

Übungen　84ページ

**1**
1）in Wien Musik zu studieren　(解説) 名詞的用法
2）mit dir ins Kino zu gehen　(解説) 形容詞的用法
3）ihm dieses Buch zu leihen　(解説) 名詞的用法
4）um die Prüfung zu bestehen　(解説) 副詞的用法
5）ihn heute noch telefonisch zu erreichen　(解説) 名詞的用法。noch「～のうちに」。

**2**
1）Es ist einfach, dieses Buch zu verstehen.
2）Wir haben keine Zeit, mit Ihnen zu reisen.
3）Diesen Sommer (In diesem Sommer) fährt er nach Paris, um Französisch zu lernen.

## 第18課

ミニ練習　86ページ

1）fragen － fragte － gefragt
2）kaufen － kaufte － gekauft
3）warten － wartete － gewartet

ミニ練習　87ページ

1）sehen － sah － gesehen
2）kennen － kannte － gekannt
3）trinken － trank － getrunken

ミニ練習　87ページ

1）versprechen － versprach － versprochen
2）besuchen － besuchte － besucht
3）diskutieren － diskutierte － diskutiert

Übungen　88ページ

**1**
1）leben － lebte － gelebt
2）erleben － erlebte － erlebt
3）lassen － ließ － gelassen
4）verlassen － verließ － verlassen
5）sagen － sagte － gesagt

6) lesen — las — gelesen
7) suchen — suchte — gesucht
8) besuchen — besuchte — besucht
9) schreiben — schrieb — geschrieben
10) singen — sang — gesungen
11) sehen — sah — gesehen
12) bestellen — bestellte — bestellt
13) schlafen — schlief — geschlafen
14) bleiben — blieb — geblieben
15) freuen — freute — gefreut

## 第19課

**ミニ練習** 90 ページ

1) ich sagte　wir sagten　2) ich lernte　wir lernten　3) ich wurde　wir wurden
　du sagtest　ihr sagtet　　　du lerntest　ihr lerntet　　　du wurdest　ihr wurdet
　er sagte　 sie sagten　　　 er lernte　 sie lernten　　　 er wurde　 sie wurden

**Übungen** 92 ページ

**1**

1) hatte （以前私はたくさん時間があったが，今はほとんど時間がない。）
2) waren （当時私たちはまだ若かった。）
3) baute （ベルリンの壁を人は 1961 年に建設した〔ベルリンの壁は 1961 年に建設された〕。）
4) schrieb （この家でゲーテはこの詩を書いた。）
5) warst （君は昨日どこにいたの。）

**2**

1) 当時，ビートルズはハンブルクで歌っていた。
2) 昨日，私の女友達の祖父が亡くなった。彼女はとても悲しんだ。
3) ある日のこと，突然にモモは町の前にある円形劇場に現れました。まもなくモモは多くの友人を得ました。子供たちは毎日彼女のところへ行きました。一匹の亀とマイスター・ホラといっしょに，モモは時間を止めることを試みました…
4) むかしあるところに，ひとりの娘がいました。ある日のこと，母は彼女に言いました：「おいで，赤ずきん。さあここにひと切れのケーキと一本のワインがある。これをおばあさんに持って行きなさい。」しかし，おばあさんは森の中に住んでいました。赤ずきんは森の中へ入り…
　解説　ein Stück と Kuchen, eine Flasche と Wein はそれぞれ同格で，「ひと切れのケーキ」，「一本のワイン」という意味。bring は du に対する命令形。

## 第 20 課

### ミニ練習　94 ページ

1) Wir haben unserer Mutter Blumen geschenkt. （私たちは私たちの母に花を贈った。）
2) Ich habe das Buch gelesen.　（私はその本を読んだ。）

### ミニ練習　96 ページ

1) Mein Vater ist nach Tokio gekommen.　（父が東京へやって来た。）
2) Ich bin plötzlich krank geworden.　（私は突然に病気になった。）
3) Wir sind heute zu Haus geblieben.　（私たちは今日家にとどまった。）
4) Sind Sie in Frankreich gewesen?　（あなたはフランスにいた［行った］ことがありますか。）　解説 sein「いる」の過去分詞は gewesen で，文末に置く。sein は haben 支配ではなく sein 支配。

### Übungen　98 ページ

**1**

1) Was hast du denn gemacht?　（君はいったい何をしたのか。）
2) Maria ist nach Hamburg gefahren.　（マリアはハンブルクへ行った。）
3) Haben Sie schon ein Auto gekauft?　（あなたはもう車を買いましたか。）
4) Hast du schon zu Mittag gegessen?　（君はもう昼食を食べたの？）　解説 zu Mittag essen「昼食を食べる」。
5) Ich bin schon einmal in Belgien gewesen.　（私はすでに一度ベルギーに行ったことがある。）
6) Mein Bruder hat seinen Pass verloren.　（私の兄［弟］は，パスポートをなくした。）
7) Meine Mutter hat sich über das Geschenk gefreut.　（私の母は贈り物を喜んだ。）
8) Peter ist am Wochenende zu Haus geblieben.　（ペーターは週末，家にとどまった。）

**2**

1) Ich habe in München Jura studiert.
2) Wann sind Sie nach Japan gekommen?
3) Er hat seinen Schlüssel gefunden.
4) Wir haben zwei Stunden auf Sie gewartet.

## 第 21 課

### ミニ練習　102 ページ

1) Wir müssen heute zur Schule gehen.　（私たちは今日学校へ行かねばならない。）

2) Ich kann morgen zur Party kommen. （私は明日パーティーに行くことができる。）
3) Du darfst meinen Onkel im Krankenhaus besuchen. （君は病院にいる私のおじを訪れてもいい。）
4) Petra will Ärztin werden. （ペトラは医者になりたい。）
5) Was soll ich jetzt machen? （私は今何をすればいいのでしょうか。） 解説 英語の shall と同様に，相手の意向を聞く文になっている（🔊 What shall I do?）。
6) Was möchten Sie jetzt essen? （あなたは今何を食べたいとお考えですか。）

## ミニ練習　103ページ

1) Maria wollte in Japan Japanologie studieren. （マリアは日本で日本学を勉強したかった。）
2) Konntest du dieses Lied gut singen? （君はこの歌を上手に歌うことができたのか。）
3) Wir durften diesen Parkplatz benutzen. （私たちはこの駐車場を利用してもよかった。）

## Übungen　106ページ

**1**
1) Ich kann heute nicht kommen.（私は今日来ることができない。）
2) Sie sollen zu Haus bleiben. （あなた[あなたたち・彼ら]は家にいるべきです。）
3) Mein Vater will heute lange schlafen. （私の父は今日長い間寝たいと思っている。）
4) Das werde ich nie vergessen. （そのことを私はけっして忘れないでしょう。）

**2**
1) Musstest du in die Stadt fahren? （君は町へ行かないといけなかったのですか。）
2) In diesem Zimmer durfte man nicht rauchen. （この部屋ではたばこを吸ってはいけなかった。）
3) Sie hat selber ihr Auto reparieren wollen. （彼女は自分で彼女の車を修理したいと思った。） 解説 話法の助動詞の現在完了形（⇒ 104ページ）。

**3**
1) ペーターは，昨日彼女のところへ来たにちがいない。　解説 過去の事柄について判断する表現（⇒ 104ページ）。
2) ペーターは，昨日彼女のところへ来ないといけなかった。　解説 話法の助動詞の現在完了形（⇒ 104ページ）。
3) シュミット夫人は，ヴァーグナー氏にすでに会ったのかもしれない。
4) あなた（たち）は甘いものが好きですか。

**4**
1) Vor zwanzig Jahren konnten wir (konnte man) von hier den Fuji sehen.

2) Wollen Sie heute zu Haus bleiben?
3) Soll ich das Fenster öffnen?

## 第 22 課

**ミニ練習　109 ページ**

1) 私は今窓を開ける。
2) 私は毎朝早く起きる。
3) コンサートは 20 時に始まる。
4) 列車は 11 時に発車する。

**ミニ練習　111 ページ**

1) abfahren － <u>fuhr ... ab</u> － <u>abgefahren</u>　（発車する）　[解説] 英語の *go off* に相当。
2) aufstehen － <u>stand ... auf</u> － <u>aufgestanden</u>　（起きる）　[解説] 英語の *get up*（語形の上では *stand up*）に相当。
3) anfangen － <u>fing ... an</u> － <u>angefangen</u>　（始める）

**ミニ練習　111 ページ**

1) 過去形：Ich machte das Fenster auf.（私は窓を開けた。）
   現在完了形：Ich habe das Fenster aufgemacht.（私は窓を開けた。）
   未来形：Ich werde das Fenster aufmachen.（私は窓を開けようと思う。）
2) 過去形：Die Party fing an.（パーティーは始まった。）
   現在完了形：Die Party hat angefangen.（パーティーは始まった。）
   未来形：Die Party wird anfangen.（パーティーは始まるであろう。）
3) 過去形：Der Zug kam um 12 Uhr an.（列車は 12 時に到着した。）
   現在完了形：Der Zug ist um 12 Uhr angekommen.（列車は 12 時に到着した。）
   未来形：Der Zug wird um 12 Uhr ankommen.（列車は 12 時に到着するでしょう。）

**ミニ練習　112 ページ**

1) besuchen － <u>besuchte</u> － <u>besucht</u>　（訪れる）
2) erfahren － <u>erfuhr</u> － <u>erfahren</u>　（聞き知る，経験する）
3) verlassen － <u>verließ</u> － <u>verlassen</u>　（去る）

**Übungen　113 ページ**

**1**

1) Wir nehmen nicht am Kurs teil.　[解説] teilnehmen は英語の *take part* に相当し

(*take* は nehmen で，*part* が teil)，「参加する」の意味。

2) Ich habe gestern Thomas angerufen. 〔解説〕anrufen は英語の *call up* に相当し (rufen は英語の *call*)，「電話をかける」の意味。
3) Wir besuchen heute den Onkel in Osaka.
4) Ich lade sie zum Abendessen ein. 〔解説〕einladen は「招待する」の意味。ここでの ein は「ひとつ」という意味ではなく，「なかへ」という意味。すなわち einladen は「なかへ（招き）入れる」の意味。

**2**

1) Hast du den Termin vergessen?（君は約束を忘れてしまったの。）
   〔解説〕vergessen － vergaß － vergessen
2) Wann reisen sie ab?（彼らはいつ旅立ちますか。）〔解説〕abreisen － reiste ... ab － abgereist
3) Ich werde den Ausländer ansprechen.（私はその外国人に話しかけようと思う。）
   〔解説〕ansprechen － sprach ... an － angesprochen

**3**

1) Der Zug ist endlich angekommen.
2) Die Konferenz findet morgen in Brüssel statt. 〔解説〕stattfinden とは元来は Statt（場所）を finden する（見つける）という意味。
3) Früh aufzustehen, ist gesund.

### 第 23 課

**ミニ練習** 116 ページ

1) Wir wissen, dass wir morgen keinen Unterricht haben.（明日授業がないということを，私たちは知っている。）
2) Ich kann nicht kommen, weil ich Fieber habe.（私は，熱があるので来ることができない。）

**Übungen** 118 ページ

**1**

1) ヘルムートは，非常に忙しいので，パーティーに来ることができない。
2) 私は来年英国へ行くので，私は一生懸命にお金を貯めないといけない。
3) トーマスが今日学校に来るかどうか，君は知っていますか。〔解説〕wissen の現在形は不規則なところがある；ich weiß, du weißt, er weiß

**2**

1) Wir spielen nicht Fußball, weil es stark regnet.（雨が強く降っているので，私たちはサッカーをしない。）

2) Ich denke nicht, dass der Zug pünktlich ankommt. （列車が時刻通りに到着するとは，私は思わない。）
3) Wir spielen Tennis, wenn das Wetter schön ist. （天気がよければ，私たちはテニスをする。）
4) Niemand war zu Haus, als ich nach Haus kam. （私が家に帰ったとき，誰も家にいなかった。）

**3**

1) Wissen Sie, warum Angelika zu Haus bleibt?
2) Können Sie mir bitte sagen, wie man zum Museum kommt?

**4**

1) Ich will（möchte）wissen, ob er glücklich lebt.
2) Als Peter gestern kam, war ich sehr müde. / Ich war sehr müde, als Peter gestern kam.

## 第 24 課

### ミニ練習　121 ページ

1) Das ist die Frau, die nächstes Jahr nach Alaska fährt. （この人は，来年アラスカへ行く女性です。）
2) Du kennst sicher das Kind, dem ich heute dieses Buch gebe. （私が今日この本をあげる子供を，君はきっと知っている。）
3) Der Student, dessen Vater Lehrer ist, arbeitet nicht fleißig. （父親が教師をしているその学生は，勤勉には勉強しない。）
4) Das ist der Park, durch den ich jeden Tag gehe. （これは，私が毎日通っていく公園です。）

### Übungen　124 ページ

**1**

1) Das ist die CD, die ich gestern in Shinjuku gekauft habe. （これは，私が昨日新宿で買ったCDです。）　(解説) 定動詞後置なので，die ich ... habe gekauft ではなく die ich ... gekauft habe となります。定動詞とは主語に合って形が定まっている動詞のことなので，ich という主語に合った形の habe が定動詞です。
2) Das ist der Mann, den Sie jetzt suchen. （その人が，あなた［たち］が今探している男性です。）
3) Die Frau, die am Fenster steht, ist sehr freundlich. （窓のところに立っている女性は，とても親切です。）
4) Der Zug, auf den wir lange warten, kommt immer noch nicht. （私たちが長い間待っている列車は，まだ来ない。）

**2**
1) 人が一旦約束したことを，人はまた（実際に）行わないといけない。
2) 毎日たばこを吸う人は，長生きしない。

**3**
1) den （君はこの小説を読みましたか。── いいえ，それを私はまだ読んでいません。）
2) die （あなたはこのバッグが欲しいですか。── はい，それを私は欲しいです。）

**4**
1) Der Film, für den Petra sich interessiert, ist mir (für mich) langweilig.
2) Das ist alles, was ich weiß.　解説 alles に対しては was を用いる。

## 第 25 課

**ミニ練習**　127 ページ

1) Dieser Kuchen wird vom Kind gegessen.
2) Dieser Kuchen wurde vom Kind gegessen.

**Übungen**　129 ページ

**1**
1) ドアは，夕方6時に閉められる。
2) ドイツは 1990 年 10 月に再び統一された。
3) 山の頂上は，すでに雪で覆われている。

**2**
1) Der Schüler wird vom Lehrer gefragt. （その生徒は教師に質問される。）
2) Mein Fahrrad ist gestern von Jürgen repariert worden.（私の自転車は昨日ユルゲンによって修理された。）
3) Die Kinder wurden von den Eltern gelobt. （子供たちは両親に褒められた。）
4) Ein Strauß wurde dem Sänger von einem Zuschauer geschenkt. （ひとつの花束がある観客によってそのシンガーにプレゼントされた。）

**3**
1) Dieses Restaurant wird vormittags um 11 (Uhr) geöffnet.　解説 öffnen－öffnete－geöffnet のように，過去基本形と過去分詞で口調の e が入る。
2) Dieses Restaurant ist jetzt geöffnet.
3) Diese Stadt wird von Touristen besucht.
4) Das Hotelzimmer ist schon reserviert.

## 第26課

**ミニ練習** 133ページ

1) der große Mann, des großen Mann(e)s, dem großen Mann, den großen Mann
2) ein großer Mann, eines großen Mann(e)s, einem großen Mann, einen großen Mann
3) dieses kleine Kind, dieses kleinen Kind(e)s, diesem kleinen Kind, dieses kleine Kind
4) ein kleines Kind, eines kleinen Kind(e)s, einem kleinen Kind, ein kleines Kind
5) meine alte Mutter, meiner alten Mutter, meiner alten Mutter, meine alte Mutter
6) Ihr netter Vater, Ihres netten Vaters, Ihrem netten Vater, Ihren netten Vater
7) frische Milch, frischer Milch, frischer Milch, frische Milch
8) gutes Brot, guten Brot(e)s, gutem Brot, gutes Brot

**ミニ練習** 134ページ

1) die Deutsche, der Deutschen, der Deutschen, die Deutsche
2) ein Kranker, eines Kranken, einem Kranken, einen Kranken
3) das Schöne, des Schönen, dem Schönen, das Schöne

**Übungen** 136ページ

**1**
1) Hier ist eine schwarze Katze. Die schwarze Katze gehört mir. （ここに黒い猫がいる。この黒い猫は，私のものです。）
2) Hier ist ein blaues Auto. Das blaue Auto gehört ihm. （ここに青い車がある。この青い車は，彼のものです。）
3) Hier ist ein kostbares Buch. Das kostbare Buch gehört meinem Großvater. （ここに高価な本がある。この高価な本は，私の祖父のものです。）

**2**
1) schön<u>es</u> Wetter, einen klein<u>en</u> Spaziergang　今日はよい天気だ。私はちょっと散歩をする。
2) nichts Neu<u>es</u>　新聞には何も新しいことが載っていない。
3) Der Deutsch<u>e</u>, ein deutsch<u>es</u> Buch　そのドイツ人（男性）は，私にドイツ語の本をくれた。
4) ein<u>en</u> schick<u>en</u> Anzug　私の母は，私にシックな背広を買ってくれる。
5) in ein<u>em</u> groß<u>en</u> Haus　彼は大きな家に住んでいる。
6) sein<u>en</u> 50. [= fünfzigst<u>en</u>] Geburtstag　明日，私の父は50才の誕生日だ。
　(解説)「50番目の誕生日を持つ」と表現する。

7) Den wievielten, der sechste Oktober　今日は何日ですか。── 今日は 10 月 6 日です。　解説 Den wievielten のあとには Tag が隠れている。wieviel は英語の how many で，これに序数を表す t が付いているので，「何番目の日を私たちは持つのか」という意味になる。

**3**
1) Der kleine Computer gehört mir.
2) Ich habe schwarzes Haar / schwarze Haare.
3) Meine weiße Katze heißt Kitty.

## 第 27 課

**ミニ練習**　139 ページ

1) klein － kleiner － kleinst
2) interessant － interessanter － interessantest
3) stark － stärker － stärkst

Übungen　142 ページ

**1**
1) groß（私は，君と同じ背の高さだ。）
2) größer（君は，私よりも背が高い。）
3) am größten / der größte （ペーターは，私たちの中で一番背が高い。）
4) am größten / die größte （エリカは，私たちの中で一番背が高い。）
5) fleißiger（ペーターは，私よりも一生懸命に数学を学ぶ。）
6) mehr（私は，私の父よりもたくさんビールを飲む。）
7) kälter（今日は昨日よりも寒い。）

**2**
1) 空腹は，最良の料理人である（空腹だと，何でもおいしく感じられる）。
2) ツークシュピッツェは，ドイツで一番高い山である。しかし，それは富士山ほど高くはない。

**3**
1) Die Donau ist länger als der Rhein.
2) Der größte See in Japan ist der Biwa.
3) Berlin ist die lebhafteste Stadt in Deutschland.

## 第 28 課

Übungen　146 ページ

1) ペトラは，歌いながら部屋へ入ってきた。

2) 庭にあるしぼんだバラを，私たちは今日中に切り取りたいと思う。 (解説) noch「〜のうちに」。
3) そこに置いてあるコピー機は，とてもよく故障している。 (解説) stehen はここでは「置いてある」という意味。
4) このフランス語で書かれた本には，たくさんイラストが（書いて）ある。
5) 5分前に到着した列車は，2番線にまだ停車している。
6) 列車は遅れた。その旅行者（の女性）は，まだ待たねばならなかった。
(解説) die Reisende は reisen（旅行をする）の現在分詞を名詞化したもの（その女性形）。
7) 経済政策（のための）委員会の議長は，トーマス・ベカーという名前です。
8) 日本では，たいていのサラリーマンは黒っぽい服を着ている。 (解説) die Angestellten は anstellen（雇用する）の過去分詞を名詞化したもの（その複数形）。

### 第29課

**Übungen** 151ページ

1) ich gehe / ich ginge
du gehest / du gingest
er gehe / er ginge
wir gehen / wir gingen
ihr gehet / ihr ginget
sie gehen / sie gingen

2) ich könne / ich könnte
du könnest / du könntest
er könne / er könnte
wir können / wir könnten
ihr könnet / ihr könntet
sie können / sie könnten

3) ich möge / ich möchte
du mögest / du möchtest
er möge / er möchte
wir mögen / wir möchten
ihr möget / ihr möchtet
sie mögen / sie möchten

### 第30課

**ミニ練習** 155ページ

1) Peter sagt, er spiele Tennis. （ペーターは，自分はテニスをすると言う。）
2) Peter hat gesagt, er habe Tennis gespielt. （ペーターは，自分はテニスをしたと言った。）
3) Peter sagt, Maria sei nach Haus gegangen. （ペーターは，マリアは帰宅したと言う。）
4) Peter fragt Maria, wo sie Tennis gespielt habe. （ペーターはマリアに，どこで彼

女がテニスをしたのかとたずねる。）

## ミニ練習　157ページ
1) wäre, würde
2) gewesen wäre, hätte

## Übungen　158ページ
**1**
1) hätte, würde
2) gehabt hätte, wäre, gefahren

**2**
1) Maria sagt, sie sei sehr krank.（マリアは，自分はひどく病気だと言う。）
2) Maria sagt, sie sei sehr krank gewesen.（マリアは，自分はひどく病気だったと言う。）
3) Peter hat gestern gesagt, er habe lange Fieber gehabt.（ペーターは，自分は長い間熱があったと，昨日言った。）
4) Peter hat mich gefragt, warum ich nach Frankfurt gefahren sei.（ペーターは，なぜ私がフランクフルトへ行ったのか，私にたずねた。）

**3**
1) もしあなた（たち）が1万ユーロ持っているなら，あなた（たち）は何をしますか。
2) 中央駅への道を私にどうか教えていただけるでしょうか。

**4**
1) Herr Müller sagt, er habe es schon vor drei Jahren erfahren.
2) Die Deutsche spricht Japanisch, als ob sie Japanerin wäre.
3) Wenn es gestern schönes Wetter gewesen wäre / Wenn wir gestern schönes Wetter gehabt hätten / Wenn das Wetter gestern schön gewesen wäre, wären wir an den Bodensee gefahren.

# 主な不規則動詞の変化表

| 不定詞 | 直説法現在 | 直説法過去 | 接続法第2式 | 過去分詞 |
|---|---|---|---|---|
| **befehlen**<br>命じる | *du* befiehlst<br>*er* befiehlt | **befahl** | beföhle<br>(befähle) | **befohlen** |
| **beginnen**<br>始める | | **begann** | begönne<br>(begänne) | **begonnen** |
| **beißen**<br>かむ | *du* beißt<br>*er* beißt | **biss** | bisse | **gebissen** |
| **bergen**<br>救出する | *du* birgst<br>*er* birgt | **barg** | bärge | **geborgen** |
| **bieten**<br>提供する | | **bot** | böte | **geboten** |
| **binden**<br>結ぶ | | **band** | bände | **gebunden** |
| **bitten**<br>頼む | | **bat** | bäte | **gebeten** |
| **blasen**<br>吹く | *du* bläst<br>*er* bläst | **blies** | bliese | **geblasen** |
| **bleiben** *s.*<br>とどまる | | **blieb** | bliebe | **geblieben** |
| **braten**<br>(肉を)焼く | *du* brätst<br>*er* brät | **briet** | briete | **gebraten** |
| **brechen**<br>折る | *du* brichst<br>*er* bricht | **brach** | bräche | **gebrochen** |
| **brennen**<br>燃やす；燃える | | **brannte** | brennte | **gebrannt** |
| **bringen**<br>持ってくる | | **brachte** | brächte | **gebracht** |
| **denken**<br>考える | | **dachte** | dächte | **gedacht** |
| **dringen** *s.*<br>突き進む | | **drang** | dränge | **gedrungen** |
| **dürfen**<br>…してもよい | *ich* darf<br>*du* darfst<br>*er* darf | **durfte** | dürfte | **gedurft** |
| **empfehlen**<br>勧める | *du* empfiehlst<br>*er* empfiehlt | **empfahl** | empföhle<br>(empfähle) | **empfohlen** |
| **erschrecken** *s.*<br>驚く | *du* erschrickst<br>*er* erschrickt | **erschrak** | erschräke | **erschrocken** |
| **essen**<br>食べる | *du* isst<br>*er* isst | **aß** | äße | **gegessen** |
| **fahren** *s.*<br>(乗物で)行く | *du* fährst<br>*er* fährt | **fuhr** | führe | **gefahren** |
| **fallen** *s.*<br>落ちる | *du* fällst<br>*er* fällt | **fiel** | fiele | **gefallen** |

| 不定詞 | 直説法現在 | 直説法過去 | 接続法第2式 | 過去分詞 |
|---|---|---|---|---|
| **fangen**<br>捕える | du fängst<br>er fängt | **fing** | finge | **gefangen** |
| **finden**<br>見つける | | **fand** | fände | **gefunden** |
| **fliegen** s.<br>飛ぶ | | **flog** | flöge | **geflogen** |
| **fliehen** s.<br>逃げる | | **floh** | flöhe | **geflohen** |
| **fließen** s.<br>流れる | er fließt | **floss** | flösse | **geflossen** |
| **fressen**<br>(動物が)食う | du frisst<br>er frisst | **fraß** | fräße | **gefressen** |
| **frieren**<br>凍える | | **fror** | fröre | **gefroren** |
| **gebären**<br>産む | | **gebar** | gebäre | **geboren** |
| **geben**<br>与える | du gibst<br>er gibt | **gab** | gäbe | **gegeben** |
| **gehen** s.<br>行く | | **ging** | ginge | **gegangen** |
| **gelingen** s.<br>成功する | | **gelang** | gelänge | **gelungen** |
| **gelten**<br>通用する | du giltst<br>er gilt | **galt** | gölte<br>(gälte) | **gegolten** |
| **genießen**<br>楽しむ | | **genoss** | genösse | **genossen** |
| **geschehen** s.<br>起こる | es geschieht | **geschah** | geschähe | **geschehen** |
| **gewinnen**<br>獲得する | | **gewann** | gewönne<br>(gewänne) | **gewonnen** |
| **gießen**<br>注ぐ | du gießt<br>er gießt | **goss** | gösse | **gegossen** |
| **gleiten** s.<br>すべる | | **glitt** | glitte | **geglitten** |
| **graben**<br>掘る | du gräbst<br>er gräbt | **grub** | grübe | **gegraben** |
| **greifen**<br>つかむ | | **griff** | griffe | **gegriffen** |
| **haben**<br>持っている | du hast<br>er hat | **hatte** | hätte | **gehabt** |
| **halten**<br>保つ | du hältst<br>er hält | **hielt** | hielte | **gehalten** |
| **hängen**<br>掛かっている | | **hing** | hinge | **gehangen** |
| **heben**<br>持ち上げる | | **hob** | höbe | **gehoben** |

| 不定詞 | 直説法現在 | 直説法過去 | 接続法第2式 | 過去分詞 |
|---|---|---|---|---|
| **heißen**<br>…という名である | *du* heißt<br>*er* heißt | **hieß** | hieße | **geheißen** |
| **helfen**<br>助ける | *du* hilfst<br>*er* hilft | **half** | hülfe<br>(hälfe) | **geholfen** |
| **kennen**<br>知っている | | **kannte** | kennte | **gekannt** |
| **klingen**<br>鳴る | | **klang** | klänge | **geklungen** |
| **kommen** *s.*<br>来る | | **kam** | käme | **gekommen** |
| **können**<br>…できる | *ich* kann<br>*du* kannst<br>*er* kann | **konnte** | könnte | **gekonnt** |
| **kriechen** *s.*<br>はう | | **kroch** | kröche | **gekrochen** |
| **laden**<br>積み込む | *du* lädst<br>*er* lädt | **lud** | lüde | **geladen** |
| **lassen**<br>…させる | *du* lässt<br>*er* lässt | **ließ** | ließe | **gelassen** |
| **laufen** *s.*<br>走る | *du* läufst<br>*er* läuft | **lief** | liefe | **gelaufen** |
| **leiden**<br>苦しむ | | **litt** | litte | **gelitten** |
| **leihen**<br>貸す | | **lieh** | liehe | **geliehen** |
| **lesen**<br>読む | *du* liest<br>*er* liest | **las** | läse | **gelesen** |
| **liegen**<br>横たわっている | | **lag** | läge | **gelegen** |
| **lügen**<br>うそをつく | | **log** | löge | **gelogen** |
| **meiden**<br>避ける | | **mied** | miede | **gemieden** |
| **messen**<br>測る | *du* misst<br>*er* misst | **maß** | mäße | **gemessen** |
| **mögen**<br>…だろう，好きだ | *ich* mag<br>*du* magst<br>*er* mag | **mochte** | möchte | **gemocht** |
| **müssen**<br>…しなければならない | *ich* muss<br>*du* musst<br>*er* muss | **musste** | müsste | **gemusst** |
| **nehmen**<br>取る | *du* nimmst<br>*er* nimmt | **nahm** | nähme | **genommen** |
| **nennen**<br>名づける | | **nannte** | nennte | **genannt** |

| 不定詞 | 直説法現在 | 直説法過去 | 接続法第2式 | 過去分詞 |
|---|---|---|---|---|
| **preisen** ほめる | *du* preist *er* preist | **pries** | priese | **gepriesen** |
| **raten** 忠告する | *du* rätst *er* rät | **riet** | riete | **geraten** |
| **reißen** 裂く | *du* reißt *er* reißt | **riss** | risse | **gerissen** |
| **reiten** *s.* 馬で行く | | **ritt** | ritte | **geritten** |
| **rennen** *s.* 駆ける | | **rannte** | rennte | **gerannt** |
| **riechen** におう | | **roch** | röche | **gerochen** |
| **rufen** 呼ぶ | | **rief** | riefe | **gerufen** |
| **schaffen** 創造する | | **schuf** | schüfe | **geschaffen** |
| **scheiden** 分ける | | **schied** | schiede | **geschieden** |
| **scheinen** 輝く | | **schien** | schiene | **geschienen** |
| **schelten** しかる | *du* schiltst *er* schilt | **schalt** | schölte (schälte) | **gescholten** |
| **schieben** 押す | | **schob** | schöbe | **geschoben** |
| **schießen** 撃つ | *du* schießt *er* schießt | **schoss** | schösse | **geschossen** |
| **schlafen** 眠る | *du* schläfst *er* schläft | **schlief** | schliefe | **geschlafen** |
| **schlagen** 打つ | *du* schlägst *er* schlägt | **schlug** | schlüge | **geschlagen** |
| **schleichen** *s.* 忍び歩く | | **schlich** | schliche | **geschlichen** |
| **schließen** 閉める | *du* schließt *er* schließt | **schloss** | schlösse | **geschlossen** |
| **schmelzen** *s.* 溶ける | *du* schmilzt *er* schmilzt | **schmolz** | schmölze | **geschmolzen** |
| **schneiden** 切る | | **schnitt** | schnitte | **geschnitten** |
| **schreiben** 書く | | **schrieb** | schriebe | **geschrieben** |
| **schreien** 叫ぶ | | **schrie** | schriee | **geschrien** |
| **schreiten** *s.* 歩く | | **schritt** | schritte | **geschritten** |
| **schweigen** 黙っている | | **schwieg** | schwiege | **geschwiegen** |

| 不定詞 | 直説法現在 | 直説法過去 | 接続法第2式 | 過去分詞 |
|---|---|---|---|---|
| **schwimmen** s.<br>泳ぐ | | **schwamm** | schwömme<br>(schwämme) | **geschwommen** |
| **schwinden** s.<br>消える | | **schwand** | schwände | **geschwunden** |
| **schwören**<br>誓う | | **schwor** | schwüre | **geschworen** |
| **sehen**<br>見る | *du* siehst<br>*er* sieht | **sah** | sähe | **gesehen** |
| **sein** s.<br>(…で)ある | *ich* bin<br>*du* bist<br>*er* ist | **war** | wäre | **gewesen** |
| **senden**<br>送る | *du* sendest<br>*er* sendet | **sandte**<br>(**sendete**) | sendete | **gesandt**<br>(**gesendet**) |
| **singen**<br>歌う | | **sang** | sänge | **gesungen** |
| **sinken** s.<br>沈む | | **sank** | sänke | **gesunken** |
| **sitzen**<br>すわっている | *du* sitzt<br>*er* sitzt | **saß** | säße | **gesessen** |
| **sollen**<br>…すべきである | *ich* soll<br>*du* sollst<br>*er* soll | **sollte** | sollte | **gesollt** |
| **sprechen**<br>話す | *du* sprichst<br>*er* spricht | **sprach** | spräche | **gesprochen** |
| **springen** s.<br>跳ぶ | | **sprang** | spränge | **gesprungen** |
| **stechen**<br>刺す | *du* stichst<br>*er* sticht | **stach** | stäche | **gestochen** |
| **stehen**<br>立っている | | **stand** | stünde<br>(stände) | **gestanden** |
| **stehlen**<br>盗む | *du* stiehlst<br>*er* stiehlt | **stahl** | stähle | **gestohlen** |
| **steigen** s.<br>登る | | **stieg** | stiege | **gestiegen** |
| **sterben** s.<br>死ぬ | *du* stirbst<br>*er* stirbt | **starb** | stürbe | **gestorben** |
| **stoßen**<br>突く | *du* stößt<br>*er* stößt | **stieß** | stieße | **gestoßen** |
| **streichen**<br>なでる | | **strich** | striche | **gestrichen** |
| **streiten**<br>争う | | **stritt** | stritte | **gestritten** |
| **tragen**<br>運ぶ | *du* trägst<br>*er* trägt | **trug** | trüge | **getragen** |

| 不定詞 | 直説法現在 | 直説法過去 | 接続法第2式 | 過去分詞 |
|---|---|---|---|---|
| **treffen** 会う | *du* triffst *er* trifft | **traf** | träfe | **getroffen** |
| **treiben** 駆りたてる | | **trieb** | triebe | **getrieben** |
| **treten** *s.* 歩む | *du* trittst *er* tritt | **trat** | träte | **getreten** |
| **trinken** 飲む | | **trank** | tränke | **getrunken** |
| **trügen** だます | | **trog** | tröge | **getrogen** |
| **tun** する | *ich* tue *du* tust *er* tut | **tat** | täte | **getan** |
| **verderben** だめにする | *du* verdirbst *er* verdirbt | **verdarb** | verdürbe | **verdorben** |
| **vergessen** 忘れる | *du* vergisst *er* vergisst | **vergaß** | vergäße | **vergessen** |
| **verlieren** 失う | | **verlor** | verlöre | **verloren** |
| **wachsen** *s.* 成長する | *du* wächst *er* wächst | **wuchs** | wüchse | **gewachsen** |
| **waschen** 洗う | *du* wäschst *er* wäscht | **wusch** | wüsche | **gewaschen** |
| **weichen** *s.* よける | | **wich** | wiche | **gewichen** |
| **weisen** 指示する | | **wies** | wiese | **gewiesen** |
| **wenden** 向ける | *du* wendest *er* wendet | **wandte (wendete)** | wendete | **gewandt (gewendet)** |
| **werben** 募集する | *du* wirbst *er* wirbt | **warb** | würbe | **geworben** |
| **werden** *s.* (…に)なる | *du* wirst *er* wird | **wurde** | würde | **geworden** |
| **werfen** 投げる | *du* wirfst *er* wirft | **warf** | würfe | **geworfen** |
| **wissen** 知っている | *ich* weiß *du* weißt *er* weiß | **wusste** | wüsste | **gewusst** |
| **wollen** …したい | *ich* will *du* willst *er* will | **wollte** | wollte | **gewollt** |
| **ziehen** 引く | | **zog** | zöge | **gezogen** |
| **zwingen** 強いる | | **zwang** | zwänge | **gezwungen** |

著者紹介
高田　博行（たかだ・ひろゆき）
　学習院大学教授

## 素朴なぎもんからわかるドイツ文法

2010年5月20日　初版発行
2020年4月1日　第5刷

　　著　者　　高　田　博　行
　　発行者　　大　井　敏　行
　　発行所　　株式会社 郁文堂
　　　　　　113-0033 東京都文京区本郷 5-30-21
　　　　　　電話［営業］03-3814-5571　［編集］03-3814-5574
　　　　　　振替 00130-1-14981
　　　　　　印刷　ウィズダム　　製本　国宝社

ISBN978-4-261-07294-5　　許可なく複製・転載すること，ならびに
©2010　Printed in Japan　　部分的にもコピーすることを禁じます。

## 新キャンパス独和辞典
利便性を徹底的に追求した入門独和!

■ 在間 進編
▶断然見やすいレイアウト ▶初中級に必要十分な2万3千語を厳選＜現代性を重視＞ ▶豊富な用例は本書見出し語だけで作成 ▶上位500語・2000語・3000語の見やすいレベル分け ▶変化している語形もそのまま見出し語に ▶実用的な和独インデックス付き ▶発音カナ表記

小B6判 1,210頁 〈2色刷〉 3,000円

## エクセル独和辞典〈新装版〉
見やすい！わかりやすい！使いやすい！

■ 在間 進編
▶「初学者のため」を徹底的に追求! ▶説明はできるだけ丁寧に, 要点が一覧表・記号などにより見やすい！ ▶動詞にはすべて過去・過去分詞形を表記 ▶誰でもわかる発音カナ表記 ▶EUなど時事用語や新語を多数収録 ▶和独・文法索引付

小B6判 1,027頁 〈2色刷〉 2,800円

## 郁文堂 独和辞典 第二版
ハンディータイプで随一を誇る本格独和!

■ 編集主幹＝冨山芳正
▶11万語を超える見出し語 ▶的確な訳語, 大辞典に匹敵する豊富な用例 ▶新語・古語・俗語・専門用語にも十分な配慮 ▶語源や同義語・対義語なども表示 ▶必要な語には図版を掲載 ▶文法の説明を随所に入れ, 用法を明確に示した

四六判 1,845頁 4,200円

## 郁文堂 和独辞典 第四版
今いちばん売れている「和独」!

■ 冨山／三浦／山口 編
▶平がな五十音順の見出しにより引き易さは抜群 ▶豊富な句例, 文例から的確な表現による現代のドイツ文が容易に引き出せる ▶収録語数は「和独辞典」として十分な6万超 ▶「会話慣用表現」「手紙の書き方」等, 付録も充実 ▶新正書法に全面改訂

小B6判 713頁 3,400円

## Z先生の超かんたんドイツ語

■ 在間 進著
▶文法項目を46項目に分け, 1課を見開き2頁で解説 ▶書き込み式ドリルと会話文を使った練習で, 文法を理解しながら会話も身につけられる

A5判〈2色刷〉CD付 2,000円

## 素朴なぎもんからわかるドイツ文法

■ 高田博行 著
▶学習者の誰もが持つ「素朴なぎもん」を丁寧に解き明かしながら, 難しいと思われるドイツ文法をわかりやすく解説 ▶初学者に最適

A5判〈2色刷〉1,800円

## ドイツトラベル会話〈新訂版〉
現地で役立つ情報満載!

■ W.ミヒェル／新保弼彬 共著
▶観光旅行, 語学研修, ビジネスなど, 現地での様々なシーンで役立つフレーズ満載 ▶応用表現も充実しており, 自己表現能力を徹底養成

四六判〈2色刷〉2,600円

## ドイツトラベル事典

▶ドイツ旅行の基礎知識を網羅 ▶個人旅行に最適
■ 植田健嗣 著

A5判〈2色刷〉3,000円

## 独検で実力アップ!

### 独検過去問題集（年度版）[CD付]
（公財）ドイツ語学文学振興会 編

| | |
|---|---|
| 〈2級〉／〈準1級〉／〈1級〉 | A5判 3,600円 |
| 〈5級〉／〈4級〉／〈3級〉 | A5判 2,800円 |

### 独検合格スーパートレーニング
高木／冨山／横塚／大井 共著　A5判 1,200円

### 独検合格らくらく30日 [CD付]
飯嶋／清水 編著

| | |
|---|---|
| 〈準1級〉〈2級〉 | A5判 各2,200円 |
| 〈3級〉〈4級〉 | A5判 各2,000円 |

〈価格は税別. なお, 価格は変更されることがあります.〉